Jürgen Christen

Katzen und ihre Schriftsteller

Jürgen Christen

KATZEN UND IHRE SCHRIFTSTELLER

Musen auf vier Pfoten

Autorenhaus Verlag

Bibliografische Information der Deutschen Bibliothek
Die Deutsche Bibliothek verzeichnet diese Publikation in der Deutschen
Nationalbibliografie; detaillierte bibliografische Daten sind im Internet
unter http://www.dnb.ddb.de abrufbar.

Idee und Konzeption von *Musen auf vier Pfoten*: Gerhild Tieger
Umschlagbild: Isolde Ohlbaum
Buchdesign: Sigrun Bönold

Originalausgabe
ISBN 978-3-86671-034-4
© 2008 Autorenhaus Verlag GmbH, Berlin

Umwelthinweis:
Dieses Buch wurde auf chlor- und säurefreiem Papier gedruckt.
Druck und Bindung: Westermann Druck, Zwickau
Printed in Germany

INHALT

ALLES WEGEN PAULA

Von **Akif Pirinçci**

Paula und ich leben nun mehr über vierzehn Jahre zusammen, haben gemeinsam so manch ein Haus gewechselt, kleine und große Katastrophen überstanden, aber auch vom Glückskuchen ein paar Stückchen abbekommen. Eigentlich sind wir das perfekte Paar. So ganz optimal verstehen wir uns trotzdem nicht oder, um den abgedroschensten Spruch meiner Generation zu bemühen: Wir haben Beziehungsprobleme. Paula ist eine Katze, also ein Tier, welches allerdings zu glauben scheint, es wäre ein Mensch, nein, sich einbildet, meine Ehefrau zu sein. Kurz, Paula hat mich fest im Griff – und das stinkt mir gewaltig. Ich erzähle einem Freund, was bei mir zu Hause wieder schiefgelaufen ist, und er fragt mich: »Und was hat Paula dazu gesagt?« Ich berichte einer Freundin, daß ich im Garten eine Palme anzupflanzen gedenke, und ihre Reaktion: »Da wird sich Paula aber freuen!« Offenkundig denken alle anderen auch, daß wir verheiratet sind.

Paula ist eine Pünktlichkeitsfanatikerin. Alles muß auf die Minute genau zu einem bestimmten Zeitpunkt erfolgen. Gibt es für diesen Tick eigentlich auch eine medizinische Bezeichnung in Latein? Selbstredend, daß sie jede Nacht mit mir das Bett teilt und auf dem Nachbarkissen schläft. Schlafen Haustiere gewöhnlich nicht irgendwo am Fußende der Decke? Aber lassen wir das. Morgens, immer zu einer von ihr festgelegten Uhrzeit, beginnt sie sich zu putzen und zu strecken. Die Botschaft ist klar: Steh auf und mach´ Frühstück! Da ich aber kein spießiges Tier bin, sondern ein ziemlich verlotterter Romancier, ignoriere ich das Zeichen und drehe mich zur Seite, um noch eine kleine Weile weiterzuschlafen. Sie wird jetzt rabiater, leckt mein Gesicht ab, schubst mich mit der Schnauze an, und als alles nichts hilft, beißt sie mir in die Kopfhaut. Ganz leicht zwar, aber es reicht, daß an Schlaf nicht mehr zu denken ist.

So geht es den ganzen Tag weiter. Paula begleitet mich auf Schritt und Tritt, sie will immer bei mir sein, mich kontrollieren. Während ich arbeite, fläzt sie sich vor meinen Füßen hin, so daß ich kaum Beinfreiheit habe, oder, wenn sie gnädig ist, döst auf der Couch, von wo aus sie jede meiner Bewegungen durch zugekniffene Lider beobachten kann. Natürlich sitzt sie beim Essen

mit am Tisch, diesmal auf dem Nachbarstuhl, selbst wenn es nur Gemüse gibt. Sie bettelt nicht einmal um Leckerbissen, sondern hat sich den perfidesten Psychotrick zu eigen gemacht, nämlich die subtile Erzeugung von Schuldgefühlen. Immer wenn ich mir einen Bissen in den Mund führe, dreht sie den Kopf zu mir und setzt sich eine Miene auf, als wolle sie sagen: Und ich dachte, wir sind Partner! Da ich durch ihr Verhalten zu einem recht passablen Selbstredner geworden bin, beginne ich laut zu sprechen. »Nein, Paula, wir sind keine Partner, schon gar keine Ehepartner, nicht einmal Freunde. Weißt du, die Beziehung zwischen Mensch und Tier fällt in eine andere Kategorie. Wie soll ich sagen …« Doch da senkt sie schon melodramatisch den Kopf wie eine zum Hungertod Verurteilte und dreht mir den Rücken zu. »Also gut, hier ein kleines Stückchen Steak, danach ist aber Schluß!«

Ich gehe ins Wohnzimmer, wobei Paula mir geschickt zwischen die Füße läuft, um meine Schritte zu lenken. Sie weiß, jetzt kommt der gemütliche Teil des Abends: Fernsehen. Aus dem oben Erwähnten geht wohl inzwischen hervor, daß ich selbstverständlich nicht wie ein normaler Mensch fernsehen kann. Paula liegt auf der Couch an meiner Seite. Doch das Wort liegen klingt in diesem Zusammenhang viel zu harmlos und drückt nur annähernd aus, welche orthopädischen Qualen ich dabei erleide. Zunächst einmal liegt Paula nicht einfach so da, sondern preßt sich mit ihrer ganzen schweren Körperfülle fest an meine Flanke. Dabei fordert sie sehr rabiat ihre Streicheleinheiten ein, mindestens eine halbe Stunde lang. Falls keine Streicheleinheiten erfolgen – siehe Aufwach-Prozeß. Danach nickt sie ein und beginnt, man glaube es mir oder nicht, zu schnarchen. Spätestens da ist der Punkt erreicht, an dem ich meinen Körper wegen einsetzender Taubheitsgefühle etwas zu verlagern versuche. Doch welch hartes Herz vermag schon eine schnarchende alte Katze aus ihren Träumen zu wecken? Irgendwann ist aber auch damit Schluß, und wir beide marschieren wieder ins Bett … Ach so, das hatte ich ja schon erzählt.

Übrigens: Paula mag keine Gäste, weder artgenössische noch menschliche. Ich reiche ihr fürs Sozialleben vollkommen aus. Falls Besuch kommt, versteckt sie sich. Das macht sie natürlich absichtlich. Denn wenn ich wieder einmal mit meiner Paula-Klage anfange, glaubt mir niemand ein Wort, wo man doch von der angeblich so aufdringlichen Katze nicht einmal die Schwanzspitze sieht. Mit einem Wort, ich vereinsame zusehends. Anderseits und positiv gedacht hätte ich auch ein Krokodil zum Haustier haben können, was ja auch bestimmt nicht gerade amüsant ist.

Hört sich das alles so an, als befänden Paula und ich uns auf dem Tiefpunkt unserer Beziehung? Ich weiß nicht. Letztens wollte ein Bekannter von mir wissen, wie alt Paula sei. Als ich es ihm verriet, meinte er, daß sie ja wohl bald im Katzenhimmel wäre. Ich lächelte unbeholfen, damit er nicht mitbekam, wie ich einen Kloß im Hals hatte.

© Akif Pirinçci 2008

Akif Pirinçci mit Katze Paula

Kater Francis aus dem Bestseller *Felidae* ist die deutsch-türkische Alternative zur Tigerkatze Mrs. Murphy von Rita Mae Brown. *Felidae* war der erste von inzwischen sechs Detektivromanen um den krallenharten Kater, der 1989 erschien und Akif Pirinçci auf einen Schlag weltberühmt machte. Der in Istanbul geborene und seit 1969 in Bonn lebende Schriftsteller hat natürlich auch im wirklichen Leben eine Katze: Paula. Sie ist wesentlich häuslicher als ihr herumstreunender und ermittelnder Artgenosse Francis, dessen Abenteuer auch auf der Kinoleinwand ein Riesenerfolg wurden. Viel Sinn fürs Makabre und ein skurriler Humor sind Charakteristika der Romane von Akif Pirinçci. Das gilt nicht nur für seine *Felidae*-Katzenkrimis, sondern auch für seine anderen rabenschwarzen und fantasynahen Romane: In *Rumpf* plant und vollführt ein männlicher Torso ohne Arme und Beine den perfekten Mord. Und in *Die Damalstür* stolpert ein Kunstmaler durch sein verpfuschtes Leben und will sein Alter Ego umbringen, um mit seiner Frau einen Neuanfang zu wagen. Verstörend und bis an die Grenzen des Tabubruchs ist auch der Thriller *Der eine ist stumm, der andere ein Blinder*, in dem es um 12 verschwundene Kinder geht, oder die Geschlechterkampf-Vision *Yin*.

Irène Frain und der Katzenkönig

Mit ihrem Buch *Paradiesvögel* und dem historischen Indienroman *Nabob* zählt die Hochschuldozentin für klassische Literatur zu den international erfolgreichsten französischen Schriftstellerinnen. Dass die indische und bretonische Kultur in ihren Büchern breiten Raum einnehmen, ist kein Zufall: Irène Frain wurde 1950 in Lorient, dem bretonischen Heimathafen der französischen Ostindien-Kompanie geboren. Die beliebte Autorin, deren Roman *Familiengeheimnis* für das französische Fernsehen verfilmt wurde, hat neben dem Schreiben eine weitere Passion: Katzen. Irène Frain veröffentlichte eine Anthologie poetischer Texte über Katzen. Ihre eigene schwarze Katze mag für ihre Erzählung »Le Roi des Chats« Pate gestanden haben, in der sie den Ursprung der besonderen Verbindung von Katzen und Schriftstellern erklärt:

»Der größte Weihnachtswunsch eines kleinen Mädchens ist es, dass ihr Bruder wieder gesund wird. Er leidet unter einer mysteriösen Krankheit – er hat seine Träume verloren. Sie erfährt von zwei Katzen, dass ihr Bruder selbst schuld an der Krankheit ist – er habe die Nachbarskatze in ein Schaumbad gesteckt, weswegen der König der Katzen ihn mit dem Verlust seiner Träume bestraft hat. Das Mädchen bittet den König, ihrem Bruder die Träume zurückzugeben. Der König verlangt jedoch, dass sie niemals von dem König der Katzen und dem Geheimnis der Träume erzählt. Da wirft eine der Katzen ein, dass das Mädchen enorm geschwätzig ist und dieses Geheimnis nie im Leben für sich behalten kann.

Der König versinkt in tiefe Meditation und taucht daraus erst wieder auf, als bereits die Sonne aufzugehen beginnt: ›Möge sie ihre Geschichte aufschreiben, wenn sie das davon abhält, alles auszuplaudern.‹

Und tatsächlich – der Bruder gesundet und erhält seine Träume zurück. Von nun an brachte die kleine Schwester außergewöhnliche Geschichten zu Papier. Und seit dieser Zeit sind die Katzen schweigsame Gefährten jener neugierigen Menschen, die man Schriftsteller nennt.«

Gore Vidals Katzen in Ravello

Der Mann mit der weißen Katze im Arm nennt sich selbst das »schwarze Schaf« in der Gore-Dynastie. Er ist einer der scharfzüngigsten Kritiker amerikanischer Politik, Mitbegründer und Vorsitzender der linksliberalen People's Party; Aktivist der Friedensbewegung und erfolgreicher Schauspieler, unter anderem in Filmen von Fellini und Robert Altman.

Gore Vidal ist ein engagierter und produktiver Schriftsteller: In seinen mehr als 20 historischen und satirischen Romanen provozierte er immer wieder konservative Kreise. Zu seinen Themen gehören aktuelle und kontroverse Fragen wie Gentechnologie, Terrorismus und Kriegsführung. Mit *Blood for Oil and the Cheney-Bush-Junta*, veröffentlichte er 2003 ein heftig diskutiertes Sachbuch. Er hat außerdem zahlreiche Essays und Reden sowie Theaterstücke und Drehbücher geschrieben.

Gore Vidal wurde 1925 als Eugene Luther Vidal jr. in West Point geboren und lebte seit den 70er Jahren mit seinem Lebensgefährten und seiner Katze vor allem in Rom und Ravello, wo ihn Erica Jong einmal besucht hat: »Dies ist das Haus eines Katzenliebhabers, der hinter seiner Arroganz seine Empfindsamkeit versteckt.« Nach dem Tod seines Partners kehrte Gore Vidal 2004 in sein »geliebt-gehasstes Heimatland« zurück.

la chatte disparue

das mauergrau gemagerte,
schattig, und hat geschrien
ihren abendschrei,
da uns die augen verließen,
schrie sie die dämmer an,
die schönste somnambule,
die mit dem leisesten gang

die schönste somnambule
unter den schattigen
mauergewächsen,
stein in stein ihr mageres vorwärtsschwingen,
im fell ein behendes ranken
zum dach,
das sich reglos in dämmer löste
und nicht mehr wiederkam
aus der nacht

Birgit Vanderbeke mit Lieblingskatze **Spider**

Birgit Vanderbeke lebt mit ihrer Familie und fünf Katzen im Süden Frankreichs. Für ihre Erzählung *Das Muschelessen* wurde sie 1990 mit dem Ingeborg-Bachmann-Preis ausgezeichnet, dem weitere Literaturpreise folgten. Ihr Bestseller *Alberta empfängt einen Liebhaber* wurde in viele Sprachen übersetzt. Zuletzt erschien bei S. Fischer *Die sonderbare Karriere der Frau Choi*. Das Gedicht »la chatte disparue« hat Birgit Vanderbeke für diesen Band geschrieben.

Nadine Gordimer und die Magie der Katze

Die südafrikanische Schriftstellerin und Literaturnobelpreisträgerin kämpft auch heute noch für die Gleichberechtigung der Schwarzen. Ihre Bücher standen am Kap lange auf dem Index, sie hatte wiederholt Publikationsverbot. Doch sie nutzte ihre prominente Stellung als weltweit geschätzte Autorin, um das Apartheid-Regime überwinden zu helfen.

Nadine Gordimer begann schon als Neunjährige mit dem Schreiben und veröffentlichte mit 14 ihre erste Kurzgeschichte. Sie wurde 1923 als Tochter jüdischer Einwanderer im früheren Transvaal geboren und lebt heute mit ihrer Katze in Johannesburg. Über autobiografische Details gibt sie ungern Auskunft, aber nach wie vor äußert sie sich engagiert über die moralischen und sozialen Verwerfungen, die Südafrika auch nach *Entzauberung* – so der Titel ihres ersten großen Romans aus dem Jahre 1953 – noch immer beschäftigen.

»Für die Maus ist die Katze ein Löwe« heißt es in einer ihrer zahlreichen Erzählungen – es kommt immer auf die Perspektive an. Auch in den neueren großen Romanen *Ein Mann von der Straße* oder *Fang an zu leben* fragt Nadine Gordimer nach Ängsten, Aggressionen und Hoffnungen in Zeiten des Umbruchs. Immer auf der Suche nach dem Ausgleich zwischen Liebe und Kampf – oder Treue und Freiheit, wie die Katze sie lebt.

Tonino Benacquista: Auf leisen Pfoten zum Erfolg

In den Romanen von Tonino Benacquista sind Verlierer die wahren Gewinner. Schlafwagenbegleiter, Pizza-Austräger oder melancholische Abteilungsleiter werden über Nacht Helden, die – nicht immer auf legalem Wege – aus ihrem verpfuschten Leben schnelles Geld machen. Für seinen satirischen Thriller *Itakerblues* erhielt Tonino Benacquista 1992 den renommierten Grand prix de littérature policière. Seit 1994 schreibt er auch erfolgreiche Filmdrehbücher. So entstand 2001 in Zusammenarbeit mit Star-Regisseur Jacques Audiard die Verfilmung des Thrillers *Sur mes lèvres*, die ihm den César sowie die Nominierung für den Europäischen Filmpreis einbrachte.

Tonino Benacquista, Sohn italienischer Einwanderer in Frankreich, arbeitete nach abgebrochenem Filmstudium selbst als Pizzalieferant, Zugbegleiter und Hilfskraft in einer Galerie, bevor es ihm gelang, seine aufregenden Erfahrungen in brillanten Geschichten zu erzählen. Der Einfluss der Katze auf das künstlerische Schaffen des Kultautors ist belegt, und auch Benacquista verdankt wohl seiner Muse auf vier Pfoten Inspiration und stille Beharrlichkeit. Denn »Katzen fühlen sich wohl in der Stille, der Ordnung und der Ruhe, und kein Ort ist ihnen gemäßer als das Arbeitszimmer des Literaten«, lobte schon sein Landsmann Théophile Gautier. Tonino Benacquista zieht die kreative Stille dem lauten Medienrummel vor, den er in seinem Buch *Das Seifenopern-Quartett* beschreibt.

Helene Eliat und Sheba, die Perserin

Sheba ist die hebräische Bezeichnung für Saba – das Königreich der Antike im heutigen Jemen. Biblisch überliefert ist der Besuch der Königin von Sheba am Hofe des judäischen Königs Salomon im 9. Jahrhundert v. Chr.; der Roman *Saba besucht Salomo* thematisiert dieses Treffen und machte seine Autorin Helene Eliat 1930 berühmt Die Fotografie zeigt sie 1931 mit ihrer geliebten Perserkatze, ein Jahr bevor sie Nazi-Deutschland verließ und nach Paris zog, wo sie eine enge Freundin des deutschen Arztes und berühmten Exilautors Ernst Weiß *(Der Augenzeuge)* wurde. Der Einmarsch der deutschen Truppen 1940 beendete ihr Zusammenleben auf tragische Weise: Ihr Lebensgefährte Ernst Weiß beging Selbstmord. Helene Eliat gelang nach kurzer Inhaftierung die abenteuerliche Flucht in die USA. Dort studierte sie später Psychologie und führte eine angesehene Praxis in New York. Helene Eliat ist auch die Erfinderin des Rorschach-Tests zur Erforschung des Unbewussten, der bis heute angewendet wird. Obwohl sie mit ihren insgesamt nur drei Romanen im Stile von Vicki Baum seinerzeit zu den geschätzten Schriftstellern der gehobenen, engagierten Unterhaltungsliteratur zählte, ist sie heute weitgehend in Vergessenheit geraten.

Günter Kunert fragt nach Katzenträumen

Mit sieben Katzen ist er damals aus der DDR ausgereist, seine Musen begleiteten ihn mit ins »Exil«. Das ist seit 1979 eine ehemalige Landschule mit großem Garten, umgeben von Feldern, etwa 80 Kilometer nördlich von Hamburg. Dort schreibt der 1929 in Berlin geborene Günter Kunert unermüdlich an seinem »Big Book«, einem gewaltigen Konvolut aus Gedanken, Gedichten und Reflexionen. Etwa 140 Buchveröffentlichungen, 30 Hörspiele und Features und rund 20 Filme umfasst sein schriftstellerisches Werk. Neben Gedichten sind es vor allem Erzählungen, autobiografische Aufzeichnungen, Parabeln, Satiren und Reiseskizzen. Dennoch verbringt Günter Kunert viel Zeit im Garten, und er liebt Tiere: neben Vögeln und Maulwürfen vor allem seine Katzen, die für ihn in einem »Zusammenhang mit der Schöpfung« stehen. »Von ihrer ›Seele‹ haben wir keine Ahnung, so wenig wie von unserer eigenen«, schreibt er in seinem Bändchen *Katzen*, in dem er auch «das unerhörte Talent zum Träumen« der Katzen bewundert: »Die aufgeregte Bewegung der Schnurrhaare, die hastig zappelnden Pfoten, das Zucken der Beine, weinerliche Töne – was für Bilder, was für Vorgänge laufen unter der bepelzten Stirn, dass sie solche Reaktionen hervorrufen. Und als vermutlich ewig unbeantwortbare Frage: Spielen wir selber, die Menschen, in diesen Träumen eine Rolle? Träumt eine Katze von mir?«

Ernst Jünger und Katze Li-Ping

Ernst Jünger (1895–1998) war im Ersten Weltkrieg für seine Tapferkeit mit dem Eisernen Kreuz und dem Pour le Mérite ausgezeichnet worden. Während des gesamten Krieges notierte er in sein Tagebuch, das er stets mit sich führte, seine Kriegserlebnisse. 1920 erschien *In Stahlgewittern – Aus dem Tagebuch eines Stoßtruppführers*. Darin knüpfte Ernst Jünger an den Futurismus, mit *Das abenteuerliche Herz* an den Surrealismus an. Ernst Jünger, der in Leipzig und Neapel Philosophie und Zoologie studierte, hat noch als 100-Jähriger publiziert und ein umfangreiches Werk hinterlassen. Der Schriftsteller war von der Literatur und Natur gleichermaßen fasziniert. Tiere spielten in seinem Leben immer eine große Rolle, vor allem Katzen. Als es seinen Katzen gelungen war, die Tür zur Vorratskammer selbst zu öffnen, notierte er: »Seitdem hat sich das Verhalten der Lieblinge geändert – wenn sie uns sonst freudig begrüßten, kriechen sie nun hinter den Kühlschrank und rühren sich nicht. Wir haben also den Schlosser bestellt. Ein Beitrag zur Genealogie der Moral.« Und über das Streicheln schrieb er in sein Tagebuch: »Mit der Katze kann es zu einer Berührungssprache kommen, die gleich dem Tanze jene der Worte übertrifft.« Ernst Jünger war seiner Muse nicht nur ein kühler Beobachter und durchaus enttäuscht, wenn sie auf seine Streicheleinheiten nicht reagierte »Doch weiß ich ein unfehlbares Mittel, sie zu ermuntern: ich schmiege den Kopf auf ihr Fell. Sogleich beginnt sie zu schnurren, wie von einem elektrischen Zustrom berührt. Das Behagen überträgt sich auf mich.«

Romain Rolland und seine Tigerkatze

Weltbürger, homme de lettres, engagierter Pazifist und bekennender Tierschützer: Romain Rolland (1866–1944) sah in der Tierquälerei »eine der schwersten Sünden des Menschengeschlechts«, ja »die Grundlage menschlicher Verderbtheit«. Das Mitgefühl des Schriftstellers galt uneingeschränkt den Tieren: »Wenn der Mensch so viel Leiden schafft, welches Recht hat er dann, sich zu beklagen, wenn er selbst leidet.«

Romain Rolland, 1915 mit dem Nobelpreis für Literatur ausgezeichnet, gehörte in der ersten Hälfte des 20. Jahrhunderts zu den weltweit meistgelesenen Autoren. Er trat für die Versöhnung zwischen Deutschland und Frankreich ein und hinterließ ein monumentales Werk mit zum Teil zehnbändigen Romanen, umfangreichen Dramenzyklen, politischen Schriften und Künstlerbiografien.

Detlef Bluhm hat die Muse geschultert

»Das Großartige an der Katze ist die Gelassenheit, mit der sie durchs Leben spaziert, wobei *durchs Leben spazieren* ihre Lebensphilosophie nicht ganz zutreffend beschreibt. Denn etwa 16 Stunden des Tages verbringt sie schlafend oder dösend. In der übrigen Zeit wird dann mit konzentrierter Freude das unternommen, was aus ihrer Sicht zum Leben gehört. Unvermeidbar zählen Nahrungsaufnahme und Fortpflanzungsaktivitäten, Jagd und Spiel, Inspektion des Reviers und die pedantische Reinigung des Haarkleides, eine intensive und nicht immer konfliktfreie Pflege sozialer Kontakte sowie eine Reihe anderer, scheinbar zweckfreier, Aktivitäten dazu. Dies alles wird stilsicher, aber mit Hang zur Pedanterie erledigt. Bei Wohnungskatzen spielt der Mensch in diesem Tageslauf eine nicht unwichtige Rolle – obwohl man sich des Gefühls nicht erwehren kann, die Katze verfüge über ein bisher unergründetes Sinnesorgan, das sie in die Lage versetzt, unsere Anwesenheit von Zeit zu Zeit auszublenden.

Wenn sie dann, wie Baudelaire es in einem Gedicht formuliert, *in edler Haltung sinnt in Weiten / wie eine Sphinx am Grund der Einsamkeiten*, dann ahnt man, dass sich ihr Wesen seiner Begreifbarkeit immer wieder entzieht, und versteht die oft ausgesprochene Vermutung, die Katze habe sich vorgenommen, dem Mensch ein Rätsel zu bleiben.«

Detlef Bluhm – Theologe, Buchhändler, Verleger, Verlagsvertreter und schließlich Geschäftsführer des Börsenvereins des Deutschen Buchhandels Landesverband Berlin-Brandenburg – hat als Autor einige dieser Rätsel gelöst. In seinen *Katzenspuren* folgt er den vierpfotigen Musen durch die Kultur- und Weltgeschichte und erzählt, wie die Katze die schönen Künste für sich eroberte. Detlef Bluhm schreibt Romane und Liebeserklärungen an den Tabak, Bücher übers *Leipziger Allerlei* und die Heimatstadt Berlin. Und immer wieder über Katzen: nach der 2004 erschienenen Kulturgeschichte *Katzenspuren* dann 2006 *Die Katze, die Anchovis liebte* und 2007 *Das große Katzenlexikon*.

Das ist Lenins weiße Katze
Jede Nacht macht sie Patrouille
Ihre ernsten grünen Augen
Sehen pünktlich aus dem Fenster

Sie frisst ungeratnes Schreibwerk
Stößt die Tinte mit der Pfote
Um dass nichts zu lesen ist:
Mascha kann durch alle Türen

Aus: »Im Kreml noch Licht«

Sarah Kirsch und Emily

Katze Emily hat die Dichterin Sarah Kirsch zu ihrem 2007
erschienen Prosaband *Regenkatze* inspiriert. Die Tage-
buchprosa aus den Jahren 2003 und 2004, einer ruhigen
Zeit, sei nach dem Rhythmus der Katze – »sie ging raus
und rein ins Haus« – entstanden. Katzen waren schon früher ihre Musen, die Geist und Natur, Innen und Außen
in Einklang brachten. Die Lyrikerin wurde 1935 als Ingrid
Bernstein im Südharz geboren. Ihr Geburtshaus in Limlin-
gerode ist heute die »Dichterstätte Sarah Kirsch«. Erste
lyrische Texte erschienen 1960 in der DDR. Von 1960 bis
1968 war sie mit dem Lyriker Rainer Kirsch verheiratet.
Als Erinnerung an die Judenvernichtung im Dritten Reich
hat sie ihren Vornamen Ingrid in Sarah geändert. Wegen
ihres Protests gegen die Ausbürgerung Wolf Biermanns
wurde sie aus dem DDR-Schriftstellerverband 1976 aus-
geschlossen; sie zog daraufhin nach West-Berlin. Seit
1983 lebt die vielfach geehrte und ausgezeichnete Dichterin in Schleswig-Holstein.

T.C. Boyle mit Bengalkatze Fat Belly

Nach seinen Jugendjahren während der Protestbewegung der 60er Jahre wurde Tom Coraghessan Boyle Lehrer an der High School seiner Heimatstadt Peekskill, New York. In dieser Zeit veröffentlicht er erste Kurzgeschichten in namhaften Zeitschriften. In seinen Romanen und Erzählungen geht es, ähnlich wie bei Upton Sinclair, John Steinbeck oder Philip Roth, um die andere Seite des American Way of Life und manchmal auch um das Thema Tierliebe. In seiner Kurzgeschichte »Fleischeslust« zum Beispiel erzählt er die Geschichte eines jungen Mannes, der, wie die meisten, zu Tieren kein besonderes Verhältnis hat. Als er friedlich am Strand eindöst, wird er von einem Hund angepinkelt und ist darüber so wütend, dass ihm Mordgedanken kommen. Doch dann erblickt er die Besitzerin des Hundes und verliebt sich in die schöne Alena. Seitdem isst er kein Fleisch mehr, macht bei Demonstrationen mit und schließlich sogar bei einer gefährlichen Tierbefreiung – denn Alena ist eine kompromisslose Tierrechtlerin.

In »Meine Witwe« erzählt T.C. Boyle von einer alleinstehenden siebzigjährigen Witwe, die eines Tages ihre Handtasche vermisst. Der Finder ruft sie an und bringt sie ihr – nur um ihren Schmuck zu rauben. Er staunt nicht schlecht, denn: »Niemand weiß genau, wie viele Katzen das große, solide alte Haus aus Redwoodholz bewohnen, (…) aber nach mehreren Generationen der Inzucht (…) muss sich ihre Zahl auf über dreißig belaufen, wenn nicht über vierzig.«

Tom Coraghessan Boyle lebt mit seiner Frau und drei Kindern in Kalifornien. Er hatte schon früher Katzen und schrieb zu unserem Foto: »Nachfolgerin der getigerten Katze ist eine Bengal geworden mit Namen Fat Belly. Eine ältere Siamkatze gehört mehr meinen Söhnen, die hört auf Kitty, besonders wenn man zufällig eine Dose Fischkopfmus in der Hand hält.«

Robert Graves und der Mythos von Deià

Es war Gertrude Stein, die den britischen Schriftsteller Robert von Ranke-Graves überredete, sich im malerischen Berg- und Künstlerdorf Deià auf Mallorca niederzulassen. Dort waren Ava Gardner, Alec Guinness, Peter Ustinov, Gabriel García Márquez oder Anthony Burgess seine Gäste. Trotz so viel noblen Besuchs war Robert Graves (1895–1985) ein äußerst produktiver Autor, sein Werk umfasst 140 Bücher. Der historische Roman *Ich, Claudius, Kaiser und Gott* hatte ihn 1937 schlagartig berühmt gemacht. Später fand er auch mit religions- und mythengeschichtlichen Büchern wie *Die weiße Göttin* oder *Griechische Mythologie* international Anerkennung.

Robert Graves und besonders seine zweite Ehefrau Beryl liebten Katzen und beherbergten auf ihrem Anwesen, heute das Robert-Graves-Museum, hoch über dem Meer am Fischerpfad zur Bucht von Deià nicht nur Stars der Film- und Literaturszene, sondern auch den einen oder anderen samtpfotigen Streuner. In Deutschland ist sein lyrisches Werk bisher unveröffentlicht. So auch das Gedicht über das Wesen der Katzengöttinnen: »Cat-Goddesses«, die sich in »wahren Liebesekstasen Straßenkatern mit zerbissenen Ohren hingeben … um Eifersucht zu provozieren«.

Allan Stratton mit Kater **Muffin** und dem schwarzen **Pecadillo**

»Meine Kater sind beide 15 Jahre alt und sind als kleine Kätzchen zu mir gekommen. Muffin war damals auf der Straße ausgesetzt worden und ist heute ein richtiges Luder: So oft es geht, rollt er sich auf den Rücken, um sich selbst von völlig Fremden den Bauch streicheln zu lassen. Manchmal sitzt er sogar auf meinem Laptop oder liegt nachts auf meinem Kopfkissen wie ein Kopfhörer um meinen Kopf herumgeschmiegt. Pecadillo war erst sechs Wochen alt, als wir ihn von Nachbarn, die ins Gefängnis mussten, übernahmen. Anstelle der Muttermilch musste er mit Fett von meinem Daumen geleckt auskommen. Weil ich ihn wochenlang mit dem Finger füttern musste, hängt er an mir wie an einer Katzenmutter und leckt gern meinen Kopf und meine Haare. Pecadillo ist schon mehrmals sehr krank gewesen. Es ist noch gar nicht so lange her, ich war gerade auf Reisen, da versagten offensichtlich seine Nieren: Er wollte nichts fressen, auch seine Medikamente nicht, und war bereits halb tot. Als ich dann wieder nach Hause kam, leckte er meinen Kopf, schnurrte und begann, von meinem Finger kleine Häppchen zu schlecken. Jetzt ist er wieder wohlauf und springt im Haus herum.«

Der kanadische Schriftsteller Allan Stratton lebt, nach Zwischenstationen in Nordamerika und Europa, in Toronto. Er begann seine Karriere als Schauspieler und schrieb zahlreiche Theaterstücke, für die er mehrfach ausgezeichnet wurde. Als Autor wurde er u. a. weltberühmt mit den Jugendromanen *Worüber keiner spricht* und *Chandas Krieg* – Romane über AIDS und Kindersoldaten in Südafrika. Für die authentische Geschichte der jungen Chanda hat Allan Stratton mehrere Monate in Botswana und Südafrika recherchiert.

Jorge Luis Borges: schwarze Katzen, gelbe Tiger

Die Hauskatze war für den argentinischen Meister der phantastischen Literatur ein geheimnisvolles Zwitterwesen zwischen Licht und Schatten, Tag und Nacht. Ihre Fähigkeit, auch in fast völliger Dunkelheit zu jagen, machte sie für ihn zum Symbol »grausiger Eleganz« in Verbindung mit den Mächten der Finsternis. Ganz besonders liebte er schwarze Katzen, galten sie doch in der Mythologie seit jeher als besonders listig und zauberkräftig. Der Schriftsteller ließ Katzen oft etwas ankündigen, was außerhalb der Zeit steht.

Die listige Täuschung und das Spiel mit dem Leser um Wahrheit und Lüge, Gott und Teufel, Fiktion und Realität sind bevorzugte Themen im lyrischen und erzählenden Werk von Jorge Luis Borges (1899–1986). Seine berühmte Erzählung »Die Bibliothek von Babel« *(Fiktionen)* inspirierte Umberto Eco zum Bauplan der Klosterbibliothek im Roman *Der Name der Rose* und die Erzählung »Tlön, Uqbar, Orbis Tertius« zu dem Plot von *Das Foucaultsche Pendel*.

Borges' großbürgerliches Elternhaus lag in unmittelbarer Nähe des Zoos von Buenos Aires. Wild- und Raubkatzen faszinierten ihn: »Besonders der große bengalische Tiger. Ich konnte ihn stundenlang beobachten. Ich war beeindruckt von dem goldgelben Fell, (…) und jetzt, wo ich beinahe blind bin, ist Gelb die einzige Farbe, die ich unweigerlich erkenne.« Borges erblindete mit 50 Jahren vollständig, war jedoch noch mehrere Jahrzehnte schriftstellerisch äußerst produktiv und ist mit zahlreichen hohen Literaturpreisen geehrt worden.

Sein Gedicht »An eine Katze« ist eine Liebeserklärung an Katzen. Es endet mit den Zeilen: »Du gehörst in eine andere Zeit. Du bist der Herrscher / über einen Ort untrennbar verbunden wie ein Traum.«

Elke Heidenreich und Corleone

Mit 15 verließ sie ihr Elternhaus, studierte nach der Schule an den Universitäten München, Hamburg und Berlin Germanistik, Publizistik, Religionswissenschaft und Theatergeschichte. Elke Heidenreichs Medienkarriere begann 1970 als Mitinitiatorin von *SWF 3*, einer Popwelle mit Kultstatus, 1976 erfand sie die Kult-Figur *Else Stratmann*. Heute ist Elke Heidenreichs ZDF-Sendung *Lesen* die weitaus beliebteste deutsche Literatursendung.

Als Vielfachtalent hat Elke Heidenreich nicht nur ihre legendären »Also«-Kolumnen für »Brigitte« geschrieben, sondern auch Hörspiele, Theaterstücke und Drehbücher verfasst und 1971 ihr erstes Buch veröffentlicht. Elke Heidenreich wurde mit zahlreichen Medien- und Literaturpreisen ausgezeichnet. Zu ihren großen Erfolgen gehören der Erzählband *Kolonien der Liebe* und natürlich *Nero Corleone*, die Geschichte über einen mutigen Italo-Kater, der es in Köln am Rhein zu Ruhm und Ansehen bringt, sich aber in einem Italienurlaub aus Heimweh und aus Liebe zu einem grauen Kätzchen zum Bleiben auf seinem alten Hof entschließt.

Raymond Chandler mit Sekretärin Taki auf dem Schoß

Raymond Chandler (1888–1959) ist bereits Mitte 40 und hat im Ölgeschäft viel Geld verdient, als er 1932 infolge der Weltwirtschaftskrise plötzlich mittellos auf der Straße steht. Er beginnt Detektivgeschichten für ein Groschenheft zu schreiben, die jedoch sein literarisches Talent bereits erkennen lassen. Den Durchbruch als Schriftsteller und Drehbuchautor schafft der Erfinder von Philip Marlowe 1939 mit seinem ersten Roman *Der große Schlaf*, der auch Vorlage für den gleichnamigen Filmerfolg (*Tote schlafen fest*) wird.1946 kehrt er Hollywood den Rücken, um mit Ehefrau Cissy und Katze Taki im Küstenstädtchen La Jolla bei San Diego zur Ruhe zu kommen. Die schwarze Angorakatze Taki ist seine Sekretärin:»Ich nenne sie so, weil sie, seit ich mit dem Schreiben angefangen habe, um mich gewesen ist. Gewöhnlich saß sie auf dem Papier, das ich grad benutzen wollte, oder auf dem Manuskript, das ich überarbeiten wollte; manchmal lehnte sie sich an die Schreibmaschine, und manchmal blickte sie auch nur ruhig von einer Ecke des Tisches aus dem Fenster, so als wollte sie sagen: *Das Zeug, was du da machst, ist reine Zeitverschwendung, mein Lieber*«, schreibt er dem Freund und Publizisten Charles Morton. »Sie ist in der Regel höflich distanziert, aber von Zeit zu Zeit hat sie einen polemischen Anfall.« Anfälle, die auch Raymond Chandler immer häufiger zum Alkohol greifen lassen. »Unsere kleine schwarze Katze hat gestern Morgen eingeschläfert werden müssen. Wir fühlen uns recht gebrochen deswegen«, notiert er am 15. Dezember 1950. Zu diesem Zeitpunkt leidet auch Chandlers geliebte Frau Cissy bereits an einem tödlich verlaufenden Lungenleiden. Die aufopferungsvolle Pflege und schließlich ihr Tod im Jahre 1954 reißen den ohnehin alkohol- und suizidgefährdeten Schriftsteller endgültig in die künstlerische und physische Agonie. Die Musen haben ihn verlassen: »Ich schreibe, was das Zeug hält, aber ich langweile mich dabei.«

Rita Mae Brown nicht ohne ihre Koautorin Sneaky Pie

»Es gibt keine bessere Katzen-Mitarbeiterin als Sneaky Pie Brown«, schrieb die New York Times über Rita Mae Browns Muse auf vier Pfoten. Und die ist immer in der Nähe, wenn sie ihre Bestseller schreibt: Tigerkatze Sneaky Pie ist als Koautorin unersetzlich. Von den beiden sind bis heute nicht weniger als 16 Bestseller über die spannenden Abenteuer der Tigerkatze Mrs. Murphy, ihrer Freundin, der Hündin Tee Tucker, und dem gemeinsamen Frauchen Harry (eigentlich Mary Minor Haristeen) auf Deutsch erschienen – zuletzt *Die kluge Katze baut vor* und *Auf heißer Fährte.*

Die amerikanische Schriftstellerin ist eine engagierte Frauenrechtlerin und war 1970 Mitbegründerin der Radicalesbians. Ihre Beziehung zu Tennisstar Martina Navrátilová hat sie später in *Die Tennisspielerin* aufgearbeitet. Und in ihrem Romandebüt *Rubinroter Dschungel* schilderte sie 1973 die ersten hetero- und homosexuellen Erlebnisse ihrer Romanheldin von der Kindheit bis zur Collegezeit.

Rita Mae und Sneaky Pie Brown leben auf einer kleinen Farm in Charlottesville, Virgina. Im gleichen US-Bundesstaat liegt auch die Kleinstadt Crozet, wo Fährten auf leisen Pfoten aufgenommen und auch schon mal scharfe Krallen in einen aktuellen Fall gehauen werden. »Aus der Katzenperspektive kann ich unbefangener das Irrationale im Menschen zeigen«, erklärte die Autorin einmal in einem Interview. Dabei geht es keinesfalls immer bitterernst zu, und nicht nur Katzenfreunde haben dabei Spaß.

Hunter S. Thompson und Mr. Screwjack

Sein exzentrischer und ausschweifender Lebensstil machte ihn schon zu Lebzeiten zur Legende
und das Magazin »Rolling Stone«, zu dessen ersten Autoren er gehörte, zum Kult. Unser Bild zeigt
Hunter S. Thompson (1937–2005) kurz vor seinem
sorgfältig geplanten und inszenierten Selbstmord. Man sieht ihn hier mit zwei Armbanduhren,
der ständigen Zigarre und seiner geliebten Katze
auf seiner *Owl Farm* bei Aspen, Colorado.

Hunter S. Thompson war Sportreporter und
Kriegsberichterstatter und mit Keith Richards
und Jimmy Carter, Bob Dylan und Johnny Depp
befreundet. Er setzte sich für die Legalisierung
von Drogen und die Umwandlung aller Straßen
in Radwege ein; er lebte ein Jahr lang mit den
gefürchteten *Hells Angels* und schrieb darüber ein
Buch, das ihn 1967 weltberühmt machte. Thompson, der auch als Sheriff für seine Heimatge-
meinde Aspen kandidierte, ist neben Tom Wolfe
der bekannteste Vertreter des New Journalism,
der gesellschaftskritische Analysen mit fiktiven
Ereignissen und polemischen Attacken mischt.
Gonzo nannte der Autor selbst seinen Schreib-
stil und *Gonzo Fist* jenes fast 47 m hohe stei-
nerne Monument, das nach seinem Selbstmord
im Jahre 2005 auf seiner Farm errichtet wurde:
Es zeigt eine geballte Hand mit zwei nach innen
weisenden Daumen, die einen Peyote-Kaktus halten. Thompsons international wohl bekanntestes
Werk ist *Angst und Schrecken in Las Vegas*. Sein
schmaler Band *Screwjack* ist eine surreale litera-
rische Miniatur, die von der Liebe eines Mannes
zu Mr. Screwjack erzählt. Mr. Screwjack ist eine
Katze.

Abgründig düster und widerlich schön: Die Moderuniversen, in denen sich der Meister des Grauens mit seinen Wiederkehrern, Blutsaugern, Zauberern und blutrünstigen Propheten auch nächtens am Schreibtisch beschäftigt, sind so ganz nach dem Geschmack seiner weiß-roten Devon-Rex-Katze Sammy. Dann wärmt sie sich gern auf Wolfgang Hohlbeins 23-Zoll Tablet-Monitor. Der Schriftsteller hat seine literarischen Vorbilder Poe, Lovecraft und King mit einer eigenen Mischung aus englischer Gothic Novel und deutscher Romantik effektsicher überholt. Mehr als 200 Werke wurden bisher veröffentlicht, nicht wenige auch unter einem seiner zahlreichen Pseudonyme. Verschiedene Bücher wurden verfilmt, wie das mit Tochter Rebecca zusammen verfasste Piratenabenteuer *Fluch der Karibik*, der große, zweiteilige Kinoerfolg mit Johnny Depp. Sammy ist fast immer dabei, wenn der phantasievolle Schriftsteller in seinen bizarren Welten unterwegs ist. Die Katze bringt auch schon mal dessen Zigarettenvorrat auf dem Schreibtisch durcheinander, aber niemals die Handlungsfäden, mit denen der Kultautor der deutschen Phantastik durch *Märchenmond* und *Drachenthal* oder das *Paulus Evangelium* führt.

Devon Rex

Von **Wolfgang Hohlbein**

Eigentlich beginnt Sammys Geschichte sehr traurig. Wir hatten immer Katzen, meist mehrere zugleich (der Rekord lag, glaube ich, bei 12…), aber man wird schließlich älter und ruhiger und (hofft es wenigstens) vernünftiger, und so nahm die Anzahl unserer vierbeinigen Haustyrannen in den letzten Jahren allmählich wieder ab. Dann kam das vorletzte Jahr (der traurige Teil), in dem es binnen eines einzigen Monats gleich vier von ihnen dahingerafft hat, teils auf natürlichem Wege, teils durch rücksichtslose Autofahrer oder auch (geargwöhnten) Diebstahl. Gleichwie, ich war darüber so frustriert, dass ich beschloss, endgültig vernünftig zu werden und keine junge Katze mehr aufzunehmen … und wenn überhaupt, dann keine junge Schönheit mehr, sondern die hässlichste, abstoßendste und überhaupt grässlichste Katze, die nur zu finden ist, und die nicht nur bestimmt niemand stiehlt, sondern die sogar zu hässlich ist, um sie zu überfahren.

Leider hatte ich meine Rechnung ohne meine Frau gemacht, der meine Wünsche natürlich Befehl sind und die sich sofort im Internet auf die Suche gemacht hat – und auch fündig geworden ist (um das vorweg zu nehmen: Das Internet lügt, aber dazu später). Zu meinem darauffolgenden Geburtstag gab es gleich zwei Geschenke: Einen 23-Zoll-Tablet-PC und eine weiß-rote Devon-Rex-Katze, zumindest nach den Internet-Recherchen meiner Familie überhaupt kein Vergleich mit unseren stolzen Persern, sondern ein spindeldürres Etwas, das nur aus Beinen, riesengroßen Ohren und Knochen besteht und praktisch nackt ist. Oder sein sollte.

Samia von und zu irgendwas (das sich eh keiner merken kann, also kurz: Sam) muss für eine Devon Rex wohl eine ziemliche Missgeburt sein, denn sie war (und ist) nicht hässlich, sondern wunderschön, und obwohl ich eigentlich keine neue Katze mehr haben wollte, hat sie mein Herz im Sturm erobert – später am gleichen Tag auch meinen Geburtstagskuchen und noch später mein Bett – und die der restlichen Familie auch. Ich habe selten eine junge Katze gesehen, die so charmant und hübsch – und erziehungsresistent war wie Sam. Ein Beispiel gefällig? Als probate Methode, jungen Katzen das Betteln bei Tisch abzugewöhnen, hat sich bei uns herausgestellt, sie weder anzuschreien noch zu verscheuchen, sondern ganz geduldig immer wieder vom Tisch zu pflücken und sanft zu Boden zu setzen. Irgendwann nach dem drei- oder vierhundertsten Mal geben alle auf.

Na ja, fast alle. Bei Sam haben wir aufgegeben und sperren sie eben in die Küche, wenn wir essen. Katzenpädagogisch vermutlich höchst fraglich, aber der einzige Weg. Doch ich greife vor.

Besagter Geburtstag endete dann für mich doch mit einer Enttäuschung. Sam schnurrte und schmuste sich zwar derart durch die ganze Familie, dass unsere drei Altkatzen mehr als neidisch wurden, nur einen konnte sie nicht leiden, ganz egal, wie freundlich er es versuchte und womit er sie auch zu bestechen versuchte: Mich (den Bestechungslachs hat sie trotzdem genommen, aber erst nachdem ich weggeguckt habe). Ich konnte tun und lassen und versuchen, was immer ich wollte, Sam ergriff sozusagen panisch die Flucht, wenn sie mich nur sah.

Aber dann kam der nächste Tag, und damit mein zweites Geburtstagsgeschenk, siehe oben. Ein Tablet-PC ist eine Art Bildschirm, den man flach auf dem Tisch legt und mit einem Stift darauf schreibt, ungemein praktisch für Leute wie mich, die ihre Manuskripte gerne noch auf die altmodische Art verfassen. Und die Bildschirmfläche ist warm. Als ich irgendwann aus dem Zimmer ging und zurückkam, konnte ich meinen Augen kaum trauen. Sam? In meiner Nähe?

Falsch.

Ganz falsch.

Auf meiner Katzenheizung. Das Ding ist warm, kuschelig und gemütlich, und natürlich fand ich den Anblick ganz herzallerliebst und süß ... und überhaupt – nur ein Unmensch würde es übers Herz bringen, eine schlafende junge Katze zu wecken.

Das Problem ist nur: Sam dachte weder am nächsten Tag daran, ihren neuen Stammplatz aufzugeben, und meine Versuche, meinen Arbeitsplatz zurückzuerobern, scheitern regelmäßig an ihren süßen (und rasiermesserscharfen) Krallen und den (nadelspitzen) Zähnen. Aber ein 23-Zoll-Monitor ist wirklich ein Riesending, und Devon Rex gottlob nicht allzu groß. Sam ist jetzt ein gutes halbes Jahr, und noch habe ich einen bestimmt zehn Zentimeter breiten Streifen, auf dem ich schreiben darf.

Und ich hoffe, sie wächst nicht mehr allzu viel.

Das also ist die Geschichte, wie Sam mein Herz und mein Computer das ihre erobert hat. Tief in mir glaube ich, dass sie mich immer noch nicht leiden kann, aber in diesem Zusammenhang kann ich vielleicht ein uraltes Vorurteil aus der Welt schaffen: Katzen sind sehr wohl käuflich. Man braucht nur einen großen Computer.

Und ein warmes Bett.

Und Lachs.

Und Leberwurst.

Und Schinken.

Und Salami.

Katzenfutter übrigens nicht. Das verabscheut sie.

© Wolfgang Hohlbein 2008

Margaret Atwood erfindet den Katzenhimmel

Die kanadische Schriftstellerin erzählt in ihrer Erzählung *Das Zelt,* was einen Kater im Jenseits erwartet: »Bei seiner Ankunft erwies sich der Himmel als weites Feld. Da gab es eine Menge von kleinen rosa Wesen, die unablässig herumliefen, und zuerst dachte er, dass es Mäuse wären. Dann sah er Gott, der auf einem Baum saß. Engel flogen mit ihren flatternden weißen Flügeln hin und her; sie gaben Laute von sich wie Tauben. Immer mal wieder streckte Gott eine große, fellbedeckte Pfote aus und griff sich einen aus der Luft und zermalmte ihn zwischen den Zähnen. Der Boden unter dem Baum war bedeckt von abgerissenen Engelsflügeln.«

Margaret Atwood, deren Bücher in 20 Sprachen übersetzt werden, schreibt Romane, Essays, Kurzgeschichten und Lyrik und gilt, seit sie 1969 mit ihrem ersten Roman *Die essbare Frau* international bekannt wurde, als eine der bedeutendsten Autorinnen im englischsprachigen Raum. Ihre Internetseite trägt den Namen O.W.Toad – ein Anagramm ihres Nachnamens.

Arno Schmidt, Musen und Zettelkasten

Welcher Dichter deutscher Sprache hat wie er seine Leser mit immer neuen Sprachrätseln konfrontiert und sie in die Labyrinthe seines Werkes gelockt: Arno Schmidt war ein besessener Bücherleser, Übersetzer und enthusiastischer Naturfreund. 1958 zog er sich mit Ehefrau Alice und mehreren Katzen in das niedersächsische Heidedorf Bargfeld zurück. Dort konnte er sich zwanzig Jahre lang ungestört in seine literaturhistorischen Studien und alternativen Wörterwelten »verzetteln«. Das Monumentalwerk *Zettels Traum* wird noch lange Literaturfreunde wie -wissenschaftler beschäftigen.

Zu den seelenverwandten Freunden, die Arno Schmidt (1914–1979) in seinem einsamen Heidehaus empfing, gehörten Alfred Andersch, Hans Wollschläger und Jan Philipp Reemtsma. Und zu den »erhaben = kleinlichen Alltäglichkeiten«, die ihn lebenslang inspirierten, gehörten ganz besonders seine Katzen. Verschroben und abgelegen, war er zu Lebzeiten der Gegenwartsliteratur zugleich enthoben und doch von fortzeugender Wirkung. Auf Schmidt'schen Spuren posthum auch Wolfgang Koeppen: »Ich war also in Bargfeld. (…) Katzen begrüßen mich. Entzückende Katzen, sehr zärtliche, liebe Geschöpfe. Sie saßen einmal neben dem Dichter auf der kleinen Veranda vor der Haustür. Baudelaire nannte sie die Totenrosse des Hades. Boten schon? Schützen sie nun den Stein, das Grab? Sie bekommen ein Deputat an Milch. Ein Vermächtnis von Frau Alice. Sie sprach oft mit den schmeichelnden Hausgenossen. Sie hörten ihr schnurrend zu. Dachten an das alte zerstörte Niltal.«

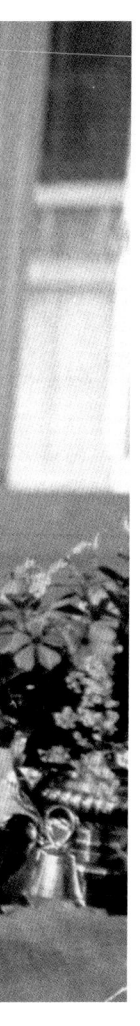

Ernest Hemingway: Mit der Muse zu Tisch

»Die Katze ist in ihren Gefühlen absolut ehrlich: Menschen können ihre Empfindungen aus dem einen oder anderen Grund verbergen, eine Katze nie«, erkannte Ernest Hemingway (1899–1961). Der Großwildjäger, Hochseefischer und Stierkampf-Fan liebte Hunde *und* Katzen und war fest davon überzeugt, dass sie eine Seele hätten. Er sah auch wohlwollend darüber hinweg, wenn seine Katze Wasser aus einem Glas trank. Im Hemingway-Museum auf der Insel Key West, wo der amerikanische Literaturnobelpreisträger ab 1928 für einige Jahre lebte, gibt es noch heute rund 50 Katzen. Stammvater soll ein ungewöhnlicher Kater mit sechs Zehen an jeder Pfote sein, den der Schriftsteller seinerzeit von einem Kapitän als Geschenk erhalten hatte. Viele der von den Museumsbetreibern versorgten Katzen hätten die seltene Anormalität jenes Ahnen noch heute.

Doris Lessing: Was wir den Katzen schuldig sind

Als Doris May Tayler wurde sie 1919 im Iran geboren und lebte ab 1925 mit ihren Eltern in der britischen Kolonie Südrhodesien auf einer Farm mit unzähligen Katzen. In zweiter Ehe war sie mit dem deutschen Emigranten Gottfried Lessing verheiratet und zog mit ihm nach London. 1949 erschien von Doris Lessing der erste Band ihres berühmten Romanzyklus *Kinder der Gewalt,* in dem sie den Versuch ihrer Protagonistin Martha Quest beschreibt, in einem Zeitalter der Gewalt einen eigenen Weg zu finden, der zu der Erkenntnis führt, dass jede Generation ähnliche Fehler macht.

Das Goldene Notizbuch ist das bekannteste Werk der Literaturnobelpreisträgerin von 2007, das heute als Klassiker der Moderne und des Feminismus gilt. Darin geht es vor autobiografischem Hintergrund neben der Auseinandersetzung mit dem Kommunismus um das scheinbar unmögliche Verstehen von Mann und Frau, dem Unterschied in der Erfahrung von Liebe und Sexualität.

Ihrer Liebe zu Katzen verdanken wir ein engagiertes Buch über Streuner, vorübergehende Bekanntschaften und die Katzen, die privilegiert waren, im Haus der Schriftstellerin zu leben. Am Ende der Geschichte von »Rufus, der Überlebenskünstler« schreibt Doris Lessing: »Die Bekanntschaft mit Katzen, ein Leben mit Katzen hinterlässt ein Leid, das sich sehr von dem Leid unterscheidet, welches man wegen eines Menschen empfindet – eine Mischung aus Schmerz über ihre Hilflosigkeit und über unser aller Schuld.«

Louis Begley: »Die Muse erschien.«

»Ein Schriftsteller kann kein Universum erfinden. Er muss auf das zurückgreifen, was er in Händen hält«, sagt Louis Begley. 1933 im damals polnischen Stryj geboren, überlebten er und seine Mutter mit Hilfe falscher Papiere, die sie als katholische Polen auswiesen, während der Vater, ein Arzt, zum Kriegsdienst in der russischen Armee gezwungen wurde. Die Familie konnte schließlich über Paris fliehen und nach Amerika auswandern. Dort erhielt er ein Harvard-Stipendium und studierte neben Jura auch Englische Literatur.

Die Karriere als international agierender Wirtschaftsanwalt beendete er erst kurz nach seinem 70. Geburtstag, um sich fortan ganz der Literatur widmen zu können. Sein autobiografischer Debütroman *Lügen in Zeiten des Krieges*, in dem er aus der Sicht eines kleinen jüdischen Jungen den Holocaust in Polen beschreibt, machte ihn 1991 über Nacht zum weltberühmten Schriftsteller. Als »die Muse erschien«, war er bereits 57 Jahre alt. »Ich brauchte so lange, um erwachsen zu werden«, erklärt er. Seitdem sitzt der »Mann der leisen Töne« von morgens bis abends um acht in seinem Arbeitszimmer und schreibt Romane und Essays, zuletzt über Franz Kafka, einen seiner Lieblingsautoren. Die sonst durchaus verwöhnten Abessinierkatzen Misia und Kasia müssen draußen bleiben und haben genug Auslauf in der großen Wohnung, 13 Stockwerke über der New Yorker Park Avenue. Wenn sich die Schiebetüren leise bewegen, weiß Louis Begley: »Sie wollen gefüttert werden.«

Nicht *wer* ein Verbrechen begangen hatte, sondern *warum* es begangen wurde, war für Patricia Highsmith (1921–1995) wichtig. Wie Katzen, die weder Gut noch Böse kennen, interessierte sie sich nicht für eine Moral in ihren Romanen. Was einen unauffälligen, angepassten Menschen zum Mörder macht, zeigte sie in den fünf psychologisch angelegten Romanen um Tom Ripley. Von ihren 22 international erfolgreichen literarischen Kriminalromanen wurden etliche verfilmt. Die bekannte Schriftstellerin wurde vielfach ausgezeichnet und geehrt.

»Zusammen mit einer Katze ist ein Schriftsteller weniger allein, doch allein genug, um zu arbeiten. Mehr noch. Eine Katze ist ein wandelndes, schlafendes, sich stets veränderndes Kunstwerk«, schrieb Patricia Highsmith. In ihrem Essay »Mit Katzen leben oder On cats and Lifestyle« hat sie weitere Beobachtungen über Kollegen notiert. »Raymond Chandler sah es am liebsten, wenn seine fette Katze auf dem Schreibtisch schlief. Simenon sieht man auf vielen Fotos mit seiner Katze, meist einer schwarzen. Katzen verschaffen Schriftstellern etwas, was menschliche Gesellschaft ihnen nicht geben kann: unaufdringliche und anspruchsvolle Kameradschaft, friedvoll und unstet wie ein ruhiges Meer. (…) Schriftsteller sind Leute, deren geistige Beweglichkeit oder Verstörtheit sie mehr oder weniger dazu prädestiniert, Katzen als Gefährten zu halten.«

Patricia Highsmith war in ihrer Jugend lange Zeit unentschieden, ob sie das Schreiben oder die Malerei als primäre künstlerische Ausdrucksform wählen sollte. Schließlich entschied sie sich für die Literatur, skizzierte und malte aber ihr Leben lang. Katzen waren ihr Lieblingsmotiv und ganz besonders Sammy, ihre Lieblingskatze. Auch im Roman lässt sie Katzen auftreten, zum Beispiel in *Mings größte Beute*, in dem der Kater Ming sich an dem Liebhaber seiner Herrin Elaine rächt: Durch einen gewagten Sprung auf dessen Schulter bringt er ihn zu Fall, endgültig, denn sein Konkurrent bricht sich das Genick. Als die Leiche fortgebracht war, streichelte Elaine Mings Kopf und »hob seine linke Pfote und drückte sie sanft, so dass die Krallen heraustraten. ›O Ming – Ming‹, sagte sie leise. Und Ming hörte aus ihrer Stimme, wie lieb sie ihn hatte.«

Anne Rivers Siddons: Gartenhaus mit Katzen

In das Gartenhaus, idyllisch hinter ihrem eigentlichen Wohnhaus gelegen, zieht sich Anne Rivers Siddons zum Schreiben zurück und lässt sich nur von ihren Katzen stören. In ihrem Roman *Das Haus nebenan* geht es jedoch nicht so beschaulich zu, denn eine Handvoll Menschen irren dort durch die todbringenden Räume ihrer gemeinsamen, dunklen Phantasien. Dieser Thriller wurde verfilmt, ebenso wie ihr Roman *Heartbreak Hotel.* Sogar Stephen King lobte die Story von *Das Haus nebenan* als beste Spukgeschichte, die jemals geschrieben wurde. Aber normalerweise lässt sich die Autorin, die mit ihren Katzen zurückgezogen bei Atlanta im US-Staat Georgia lebt, weniger von nächtlich-telepathischen Fähigkeiten ihrer Vierbeiner inspirieren als von deren Eigenschaft zur genauen und geduldigen Beobachtung. Vor allem weibliche Leser schätzen die Bestseller von Anne Rivers Siddons wie *Muscheln im Sand* oder *Der Preis der Liebe,* und natürlich ist es kein Zufall, wenn in ihrem Südstaaten-Epos *Heimwärts* auch hier und da eine Katze miaut. Anne Rivers Siddons arbeitete als Journalistin für bekannte Tageszeitungen und Magazine, bevor sie sich ganz der Schriftstellerei widmete.

Ladys of Crime: P. D. James und Ruth Rendell

»Niemand erkennt die dunkelsten Abgründe der menschlichen Psyche so schonungslos und packend wie Ruth Rendell«, sagt die englische Krimi-Autorin Phyllis Dorothy James über ihre nicht weniger berühmte Schriftstellerkollegin. P.D. James wurde 1991 geadelt und als Baroness James of Holland Park zu einem Life Peer und aktiven Mitglied des House of Lords. Ein beinahe märchenhafter Aufstieg für die ehemalige Krankenschwester und Kriminalpolizistin P.D. James, die als eine der ersten Schriftsteller von Kriminalromanen eine Privatdetektivin ins Genre eingeführt hat.

P. D. James liebt Katzen: Sie haben gleichzeitig samtene Pfoten und scharfe Krallen, und ihr Spiel- und Jagdtrieb hat stets auch einen *Beigeschmack des Todes* – so der Titel einer ihrer erfolgreichsten Kriminalromane, für den die 1920 in Oxford geborene Autorin gleich mehrere internationale Literaturpreise erhielt.

Hinter P.D. James steht Ruth Rendell (alias Barbara Vine), die 1997 als Baroness Rendell of Barbergh ebenfalls in den Adelsstand erhoben wurde. Die beiden Ladys verbindet berufliches Interesse an den menschlichen Abgründen im gutbürgerlichen Alltag – und an Katzen: In *Stirb glücklich* von Ruth Rendell läuft eine orangegelb-weiße Katze aus einem geheimnisvollen Garten Anna vors Auto, die Katze ist sofort tot. Anna versucht mit der verschrobenen Besitzerin der Katze Kontakt aufzunehmen, doch das an der Straße gelegene Haus scheint nur von Katzen bewohnt zu sein …

Pierre Loti und die zwei Moumouttes

Pierre Loti (1850–1923) eigentlich Julien Viaud, war ursprünglich französischer Marineoffizier, später Bestsellerautor und Mitglied der Académie française. Das Haus des Schriftstellers in Rochefort ist heute ein Museum und vermittelt Besuchern einen Eindruck von seinem exzentrischen Leben. Es gibt darin einen türkischen Salon, eine Moschee, einen Renaissance-Speisesaal, eine japanische Pagode und einen gotischem Saal, voller Gegenstände, die er von seinen Reisen mitgebracht hatte.

Der Schriftsteller liebte Katzen und versuchte, »durch das sonderbare Fenster dieser Augen bis in das Unbekannte dieses Gehirns vorzudringen«. In Leben zweier Katzen erzählt er die Geschichte einer französischen und einer chinesischen Katze, die in jenem exotischen Haus des Monsieur Loti leben. Die beiden Hauskatzen erhielten sogar eigene Visitenkarten:

MADAME MOUMOUTTE BLANCHE

Erste Katze

Bei Monsieur Loti

MADAME MOUMOUTTE CHINOISE

Zweite Katze

Bei Monsieur Loti

Pierre Loti, der übrigens Vegetarier war, berichtete von einem Mitglied der Académie française, »das mir einmal die Ehre erwies, an meinem Tisch Platz zu nehmen, und sich nicht zu schade war, jeder von ihnen mit seinem eigenen Löffel ein wenig Schlagsahne anzubieten«. Es gibt ein berühmtes Gemälde von Rousseau, auf dem Pierre Loti mit Katze zu sehen ist.

In ihrem Kinderbuch *Ach du grüner Kater* schildert Barbara Rütting die Abenteuer ihres Katers Fettucini. Von ihm stammt auch ein *Koch- und Spielbuch für Kinder vorgestellt von dem Kater Fettucini*. Barbara Rütting ist vielen als Bühnen- und Filmschauspielerin bekannt, sie spielte neben Romy Schneider, Maximilian Schell, Sophia Loren, George Peppard und anderen Hollywoodstars. Schon lange engagiert sie sich aktiv für Umwelt und Menschenrechte, unterstützt und beteiligt sich an Aktionen gegen Tierversuche. »Ich fühle mich angesprungen von leidenden Wesen. Ich setze meine Energie ein, um allen zu helfen: Katzen, Hunden, Pferden, Vögeln.«

Im Jahr 2003 wurde Barbara Rütting für die Grünen in den Bayerischen Landtag gewählt. Außerdem setzt sie sich für Naturheilkunde und gesunde Ernährung ein, schrieb zahlreiche Kochbücher und entwickelte eigene Rezepte für die Vollwertküche. Zum gesunden Leben gehört aber noch etwas anderes, erklärt Barbar Rütting: »Ich bin täglich von Katastrophen umgeben, also brauche ich das Lachen. Ich räkle mich früh wie meine Katze, schnurre vor mich hin und fange an zu lachen.«

Christoph und Veronika Peters
mit Minga und Pablo

Beide Autoren sind über einen Umweg zum Schreiben gekommen: Christoph Peters studierte an der Staatlichen Akademie der Bildenden Künste in Karlsruhe und wurde mit seinen Romanen *Das Tuch der Nacht* und *Ein Zimmer im Haus des Krieges* bekannt. Veronika Peters arbeitete zunächst in der Kinder- und Jugendpsychiatrie und trat 1987 in eine Benediktinerinnenabtei ein, wo sie 1992 das Gelübde ablegte und ein Fernstudium der Theologie begann. Als Leiterin der Buch- und Kunsthandlung des Klosters lernte sie später ihren Mann kennen. In ihrem vielbeachteten Roman *Was in zwei Koffer passt* verarbeitete sie ihre Jahre als Benediktinerin. Heute lebt das Paar mit Tochter Carla, Minga, der Katze, und Kater Pablo in Berlin:

»Minga ist eine Feld-Wald-und-Wiesen-Siamesin, Pablo ein Orientalisch-Kurzhaar-Kater, Typ Havanna, mit Stammbaum und allem Drum und Dran, der eigentlich den Namen Picasso von Soundso-Soundso trägt, was natürlich grober Unfug ist. Sie kamen mit acht Monaten Abstand zu uns und haben sich vom ersten Tag an geliebt, schlafen eng umschlungen im selben Korb und teilen auch sonst alles. Die beiden haben noch nie jemanden angefaucht oder absichtlich gekratzt, außer ihre Tierärztin. Das ist umso erstaunlicher, als bei uns neben unserer Tochter größere Mengen kleiner Kinder ein und aus gehen, die erst langsam lernen müssen, dass Tiere keine Sachen sind. Minga verkörpert die sanfteste und eleganteste Form der Anarchie, die man sich vorstellen kann, während Pablo in seinem Herzen eher Hund ist: Er gehorcht auf Zuruf, apportiert Feldmäuse, leidet ernsthaft unter schlechtem Gewissen, wenn man mit ihm schimpft, und braucht ansonsten unendlich viel Zuwendung. Sie sind das perfekte Paar.«

Auf dem Friedhof der Kuscheltiere: Stephen King

Er ist Herrscher über jede Art von Angst, mit denen er seine Leser in alltäglichen Dingen des Lebens konfrontiert. Denn das Grauen kommt nicht aus dem All, sondern aus der Butterdose, dem Wäschetrockner, manchmal auch aus der Hundehütte oder dem Katzenkörbchen. Oder aus dem Garten hinter dem Haus, wo nebenan der *Friedhof der Kuscheltiere* liegt.

Unser Bild zeigt den Autor 1992 bei den Dreharbeiten zur Verfilmung seines Klassikers mit der Filmkatze auf dem Tierfriedhof, wo sie aufersteht und alle das Fürchten lehrt. Dass Katzen gut für Horrorgeschichten sind, weiß Stephen King von seinem Lehrmeister Edgar Allan Poe, dessen Erzählung *Die schwarze Katze* das Genre (welt)literaturfähig machte. Stephen King wurde zu einem der erfolgreichsten Schriftsteller des 20. Jahrhunderts. Er weiß wie kein anderer, Visionen, Mythen und Ängste neu zu mischen und umzukehren. Der Schriftsteller liebt Katzen, nicht nur weil sie geheimnisvolle Nachttiere sind. Für sein Drehbuch zum Film »Katzenaugen« verband er zwei Geschichten aus seinem Buch *Nachtschicht* und zeigt uns eine streunende Katze, die ihren guten Instinkten folgend ihr Leben opfert, um ein kleines Mädchen zu retten. »Ich dachte darüber nach«, erzählt King, »und die Idee mit der Katze brachte mich auf den Weg, wie es gemacht werden könnte.«

Anne Chaplet und ihre Musen Bougie, Bisou und Nikita

»Katzen sind die besten Freunde der Schriftsteller. Sie sind gesellig, ohne zu nerven (es sei denn, sie beschließen, sich dauerhaft vor dem Monitor einzurichten)«, weiß Deutschlands gefragteste Krimiautorin Anne Chaplet. Mit ihren drei Katzen wohnt sie abwechselnd in Frankfurt am Main, im oberhessischen Vogelsberg und in Südfrankreich. »Alle drei ziehen den Vogelsberg vor. Dort kann man am besten mausen. Außerdem fahren sie nicht gern Auto.« Bougie, die älteste und anhänglichste, wurde 1999 geboren und hat viel von einer sibirischen Waldkatze. Bisou, die mittlere, ist sehr eifersüchtig und hat ein bisschen was von der heiligen Birmakatze. Nikita, 2005 aus einem Wurf halbwilder Katzen gerettet, ist, anders als sein Name vermuten lässt, ein eher schreckhafter Kater. Alle stammen aus Frankreich. »Sie schätzen die permanente Anwesenheit des an seinen Schreibtisch gefesselten Menschen. Gern lagern sie in der Nähe, ohne zu bellen oder dauernd gestreichelt werden zu wollen.« Dazu hat Cora Stephan alias Anne Chaplet, die sich nach Lehrerexamen und Promotion als Publizistin einen Namen machte, auch kaum Zeit. In ihren Kriminalromanen tauchen selbstverständlich auch Katzen auf, wie in der Geschichte über Bremer und das mörderische Treiben seiner Katzen:

Der Meisenretter

Von **Anne Chaplet**

Das Schreien drang in seinen Traum. Bremer war im Bruchteil einer Sekunde wach und aus dem Bett. Er kannte den Laut. Er brachte seinen Puls auf Hochtouren und ließ ihm zugleich das Blut gefrieren. Sein Körper reagierte – wie vor hunderttausenden von Jahren der Savannenbewohner auf den Säbelzahntiger.

Dessen Nachfahre hockte im Schlafzimmer in der Ecke unter dem Fenster, hatte gesträubtes Fell, machte einen Buckel und knurrte. Und wieder schrie sein Opfer, laut und durchdringend. Das klang nach Todesangst – und nach wütendem Protest. Die Beute wollte leben.

Neben Birdie saß Nemax, der interessiert betrachtete, was sie im Fang trug. »Birdie! Laß das!« Bremer redete nie so mit seinen Tieren, nie so fordernd und streng. Nur, wenn sie das Falsche fingen. Birdie hatte einen Vogel im Maul.

Sie wich knurrend aus, als er auf sie zuging, kroch unters Bett, lief dann ins andere Zimmer und galoppierte zurück, als er ihr nachkam und auch dort nach ihr greifen wollte. Aber Bremer gab nicht auf. Vielleicht war der Vogel noch unverletzt. Denn womit Katzen spielen wollen, das nehmen sie vorsichtig zwischen die spitzen Zähne. Soll ja nicht gleich schon vorbei sein, der ganze Spaß. Loslassen. Festhalten. Wieder loslassen. Laufenlassen. Beobachten. Und dann mit der Pfote abstoppen. Hin- und Herrollen. Wieder laufen- oder davonkriechen lassen, je nachdem, wie angeschlagen das Opfer bereits war. Je länger, desto besser. Und zum Schluss – vielleicht – ein bißchen fressen, was man so schön weich gespielt hatte.

Du bist ein Idiot, ein sentimentales Weichei, das sich in etwas einmischt, das nun mal Natur ist. Katzen sind so. Bremer blieb stehen.

Das kleine Raubtier knurrte und schielte zu ihm hoch. Und dann ließ Birdie den Vogel vorsichtig frei. Es war eine Meise, eins dieser kleinen, lustigen Dinger, die den ganzen Winter über durch seinen Apfelbaum gehüpft waren und in den Futterringen geschaukelt hatten. Bremer rückte einen halben Schritt näher. Birdie grollte. Der Vogel bewegte sich und versuchte, davonzukriechen. Jetzt hielt es Nemax für an der Zeit, sich einzumischen.

Und als ob sie sich nicht entscheiden könnte, wer von beiden der bedrohlichere Spielverderber war, ließ Birdie den Vogel für einen Moment aus den Augen. Die Meise kroch in die Lücke zwischen Kommode und Wand, zu schmal für einen Katzenkopf und zu weit weg für eine Katzenpfote, hockte sich mit dem Rücken zum Feind und rührte sich nicht.

Bremer war auf ihren schrillen Protestschrei gefaßt, als er Birdie packte, aber nicht darauf, daß sie ihm die Krallen in die Hand schlug. Er setzte sie vor die Tür, schickte Nemax hinterher, leckte sich das Blut von der Hand und ging auf die Knie. Behutsam streckte er die Hand nach der Meise aus. Wahrscheinlich war nichts mehr zu retten. An geknickten Flügeln und gebrochenen Beinchen starb man nicht sofort, eher schon an Todesangst. Aber das Tier ließ sich in die Hand nehmen, das Herz pochte, die dunklen Augen blinzelten unruhig. Bremer umschloss den zarten Körper mit beiden Händen und stellte sich ans geöffnete Fenster. Der Vogel regte sich, die kleinen, erstaunlich warmen Krallen kitzelten seine Handteller. Die Flügel bebten. Er öffnete langsam die Hände. Die Meise stellte sich auf die Beinchen, ordnete ihre Flügel, wartete noch eine Schrecksekunde und flog davon.

Erst nach Minuten ließ Bremer die Katzen wieder herein, die ungeduldig an der Tür kratzten. Birdie war beleidigt und ließ sich nicht streicheln. Nemax versuchte, die Nase in die Ecke zu stecken, in der die Meise gesessen hatte.

Bremer fühlte sich ganz schwach vor Rührung. Du Meisenretter, dachte er. Es klang wie Warmduscher. Aber es fühlte sich verdammt gut an.

© Anne Chaplet 2008

Nobelpreisträger Camilo José Cela mit Kater Salieri

Unser Bild zeigt den spanischen Schriftsteller im Oktober 1989 in seinem Haus in Guadalajara, nachdem bekannt wurde, dass er den Literaturnobelpreis erhalten wird. Er ist zusammen mit seiner späteren Ehefrau Marina Castano und ihrer Katze Salieri (benannt nach dem berühmten Wiener Hofkapellmeister) zu sehen.

Das Gesamtwerk Camilo José Celas (1916–2002) umfasst 70 Bände meist erzählender Literatur, darunter Reiseberichte, Märchen und Wörterbücher. Im Alter von 26 Jahren veröffentlichte er seinen ersten Roman, der allerdings wegen der drastischen Schilderung von Gewalttaten einen Skandal auslöste und zeitweise der Zensur unterlag: *Pascual Duartes Familie*. Das Werk begründete mit seinem dunklen Realismus die Tradition des spanischen »Tremendismo« – ein Stil, dem auch Celas bekanntester und von Mario Camus verfilmter Roman *Der Bienenkorb* folgt. Camilo José Cela erhielt neben dem Literaturnobelpreis auch den renommierten »Premio Cervantes«.

Die große Liebe der Elsa Morante

»In Gesellschaft unserer Katze können wir uns ausruhen von den mühsamen Kriegen von Hoffnung und Stolz, können einem lebendigen Blick begegnen, der uns ohne den Schatten eines Urteils die zärtlichste Freundschaft erklärt.«

Dies ist die Liebeserklärung einer Schriftstellerin, deren Schaffen obsessiv und virtuos um den Verlust des Paradieses, der Kindheit, kreist und deren Romane dem magischen Realismus zugerechnet werden. Ihre besondere Liebe zu Katzen beruht auf der Mythologie und Tiefenpsychologie, in der die Katze als »das typisch weibliche Tier« angesehen wird.

Die italienische Schriftstellerin Elsa Morante (1912–1985) war fast 20 Jahre mit Alberto Moravia verheiratet, mit Pier Paolo Pasolini und dem amerikanischen Maler Bill Morrow verband sie eine enge Freundschaft. Schon mit 13 Jahren schrieb Elsa Morante Geschichten für Kinder. Ihr Debütroman *Lüge und Zauberei* erschien 1948 und wurde sogleich mit dem begehrten Premio Viareggio ausgezeichnet.

Leonor Fini: Katze als Metapher

Sphinx, Katze, Tod und Eros sind wiederkehrende Themen im Werk der argentinischen Künstlerin Leonor Fini (1908–1996), die die eigene schillernde Persönlichkeit als Katzenfrau immer wieder eindrucksvoll inszenierte. Der geheimnisvollen Nachtverbundenheit und nachgesagten Lüsternheit der Katze begegnet man auch in ihren vorwiegend surrealen Bilderwelten. Leonor Fini wurde in Buenos Aires geboren, kam aber bereits 1909 mit ihrer italienischen Mutter nach Triest. Dort wurde sie 1923 wegen Aufsässigkeit der Schule verwiesen und bildete sich danach autodidaktisch in der umfangreichen Familienbibliothek weiter. So entstand ihre lebenslange Liebe zur Literatur. Neben berühmten Porträts bekannter Persönlichkeiten wie Jean Genet, Anna Magnani oder Jacques Audiberti widmete sie sich ab 1943 verstärkt der Buchillustration zu Werken von Baudelaire, de Sade und William Shakespeare. In ihren Romanen und Erzählungen wie *Der Traumträger* oder *Rogomelec* spielen Tod und erotische Phantasien eine Rolle. Zu den verschiedenen Talenten von Leonor Fini zählen auch Werke für Oper, Ballet und Theater; sie führte Regie, entwarf Bühnenbilder und Kostüme. Berühmtberüchtigt waren ihre Kostümfeste, die sie mit ihren Freunden (darunter Max Ernst, Salvador Dali, Andy Warhol und natürlich Jean Genet) als Sinnbild für die Verschmelzung von Leben und Kunst inszenierte. Katzenbücher mit Texten von Leonor Fini gab es gleich mehrere: *Carnet des Chats*, *La Grande Parade des Chats*, *Miroirs des chats*, *Les chats de Madame Helvetius*, *Chats d'Atelier*.

Ephraim Kishon: Wahlrecht für Katzen!

»Die Katze als Wille und Vorstellung« heißt eine Satire, in der der israelische Humorist beschreibt, was passieren kann, wenn nicht nur die eigene Ehefrau närrisch auf Katzen ist: »Ein Schauspieler aus Schaffhausen wollte vor zwei Jahren seine Siamkatze heiraten. Es gab einen Riesenskandal in der Presse, als die ›Blick‹-Zeitung herausbekam, dass das Brautkätzchen noch minderjährig war.«

Ephraim Kishon (1924–2005) überlebte das Konzentrationslager, kurz vor Kriegsende gelang ihm auf dem Transport ins Vernichtungslager Sobibor die Flucht. Viele seiner Angehörigen wurden in Auschwitz ermordet. 1949 wanderte Ephraim Kishon nach Israel aus und schrieb dort unter anderem dreißig Jahre lang eine tägliche Kolumne für eine große israelische Tageszeitung. Als Autor veröffentlichte er 700 Bücher in 37 Sprachen mit einer Gesamtauflage von 43 Millionen Exemplaren, meist satirische Erzählungen und Romane, aber auch Drehbücher und Theaterstücke. Weniger bekannt ist, dass Kishon, der auch ein großer Hunde- und Pferdefreund war, als einer der weltbesten Billardspieler galt und viele internationale Turniere gewann.

Auf dem Foto neben ihm steht seine dritte Ehefrau, die österreichische Schriftstellerin Lisa Witasek, vor dem gemeinsamen Haus in Appenzell. Auf seine besondere satirische Weise wunderte sich Ephraim Kishon darüber, dass es in der Schweiz für Katzen zwar eigene Friedhöfe, aber noch kein Wahlrecht gäbe: »Es wird gemunkelt, dass man in absehbarer Zeit wenigstens den Katern …«

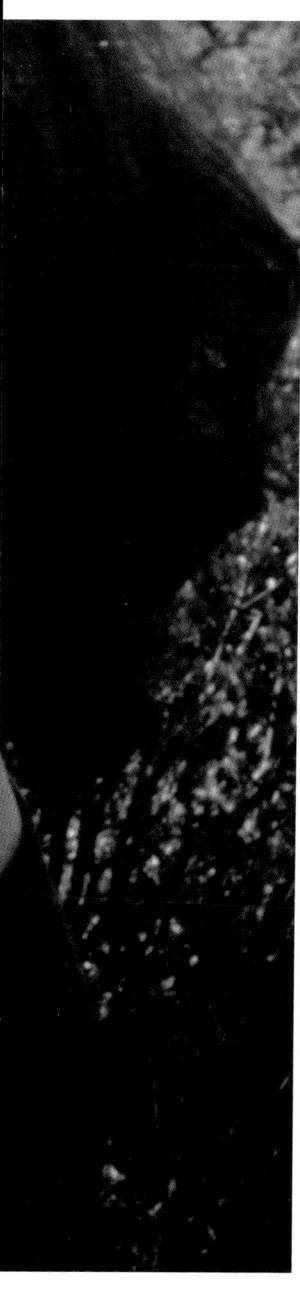

Eva Berberich und Mephistopheles

»Meine Katzen verwickeln mich jedenfalls gern in tiefsinnige, oft philosophische Gespräche, die manchmal einen Stich ins Absurde haben. Sie erklären mir die Welt aus Katzen- oder Katersicht und sehen es nicht ungern, wenn ich über sie schreibe. Aber aktiv zu ihrem Lebensunterhalt beizutragen, weigern sie sich. ›Kater‹, sagt von oben herab mein Kater Mephistopheles, seien nun mal keine Abrackerer, als ich anzudeuten wage, dass er nur auf der faulen Haut liege. Manchmal verschwindet eine Katze auch, und dann verspreche ich – trotz Neigung zum aufgeklärten Atheismus – dem heiligen Franz eine dicke Honigkerze.« Eva Berberich lebt im Hochschwarzwald zusammen mit dem Schriftsteller und Literaturkritiker Armin Ayren. Eva Berberich tut *Alles für den Kater,* so der Titel eines ihrer Bücher: »Es spricht sich bei ihnen schnell herum, dass ich keiner Katze, die an meiner Tür kratzt, widerstehen kann. Manche bleiben wild, andere ziehen ein, werden häuslich und richten uns zu katzengerechten Menschen ab, die alle Türen offen lassen und barfuß oder auf Socken durchs Haus schleichen.«

Françoise Sagan, Katzen und Anthony Perkins

Der amerikanische Filmstar und die französische Schriftstellerin beim Tête-a-tête mit Katzen: Françoise Sagan lernte Anthony Perkins 1960 bei den Dreharbeiten zur Hollywood-Verfilmung ihres Bestsellers *Lieben Sie Brahms?* kennen, in dem auch Ingrid Bergman und Yves Montand mitspielten. Zu dieser Zeit war sie bereits berühmt und machte mit ihrem exzentrischen Lebensstil Schlagzeilen. Ihr Debütroman *Bonjour tristesse* aus dem Jahre 1958, den sie mit 18 Jahren in nur sieben Wochen niederschrieb, hatte ihr nicht nur den begehrten Prix de la Critique, sondern auch viel Geld gebracht. Sie genoss das Leben des internationalen Jet Sets, lud die Pariser Schickeria zum Essen und Feiern ins damals noch verschlafene St. Tropez ein und liebte schnelle Autos, Glücksspiel und Affären aller Art.

Federica de Cesco und ihre multilinguale Katze Chanel

»Unsere Katze versteht Französisch, Japanisch, Deutsch und Schweizer Deutsch. Sie liebt es ganz besonders, von mir gebürstet zu werden. Aber noch mehr liebt sie meinen Mann Kazayuki; sie kann stundenlang an seinen Hals gekuschelt schlafen, während er liest. Und er ist so glücklich dabei, dass er sich erst rührt, wenn Chanel geruht, ihn zu verlassen.«

Zumindest die Mehrsprachigkeit teilt Katze Chanel mit Federica de Cesco. Die in der Nähe von Venedig geborene Schriftstellerin lebte mit ihren Eltern in Äthiopien, Italien, Frankreich, Deutschland und Belgien, bevor sie 1962 in die Schweiz zog. Sie studierte in Lüttich Kunstgeschichte und Psychologie und wohnt heute mit ihrem Mann, einem japanischen Fotografen, in der französischen Schweiz. Im deutschsprachigen Raum wurde sie vor allem als Autorin von Jugendbüchern bekannt, die meist in Übersee (Afrika, Asien oder Südamerika) spielen.

Schon ihr erstes Jugendbuch *Der rote Seidenschal*, das sie im Alter von 15 Jahren schrieb, wurde 1953 ein internationaler Megaseller. Es folgten über 60 weitere Jugend- und Sachbücher, bevor Federica de Cesco mit dem Roman *Silbermuschel* 1994 ein fulminantes Debüt in der Erwachsenen-Belletristik gelang. So abwechslungsreich und spannend wie das Leben der Autorin sind auch die Abenteuer ihrer selbstbewussten und kraftvollen Roman-Heldinnen, die immer das Richtige am richtigen Ort tun – im fernen Tibet oder im Geburtsland ihres Mannes, das auch das Lieblingsland ihrer Katze ist: »Chanel legt Wert darauf, dass wir ihr das Futter aus Japan mitbringen.«

Colette: Sie liebte Katzen, Frauen und Männer

Sie wurde begehrt von beiden Geschlechtern und gefeiert von der ganzen französischen Nation. Ihr 80. Geburtstag war ein nationales Ereignis und ihr Staatsbegräbnis pompös. Ihre Bücher wurden in Millionenauflagen gedruckt und verfilmt: Sidonie-Gabrielle Colette (1873–1954). In ihrem Roman *Eifersucht* beschreibt sie eine dramatische Dreiecksgeschichte: Camille ist auf Alains geliebte Katze Saha eifersüchtig:

»Ich habe euch gesehen!«, schrie sie. »Am Morgen, wenn du die Nacht auf deinem kleinen Diwan verbringst … Bevor der Tag anbricht, habe ich euch gesehen, euch beide.« Sie streckte einen zitternden Arm gegen die Terrasse. »Dort habe ich euch sitzen sehen, alle beide … ihr habt mich nicht einmal gehört! Ihr seid Wange an Wange dagesessen …«

Als Camille in ihrer Verzweiflung Saha von der Balkonbrüstung stößt, trennt sich der Ehemann von seiner Frau. Die Katze hat überlebt und gewonnen! – Übrigens nicht der einzige Roman von Colette, in dem Katzen ihre Krallen zeigen.

Jean-Claude Carrière trägt seine Katze wie eine Katze

Das Irrationale ironisch darzustellen – das hat der Romanschriftsteller, Drehbuchautor und Filmemacher Jean-Claude Carrière aus seiner Zusammenarbeit mit der Filmlegende Luis Buñuel gelernt. Seinen scharfen Witz, aber auch Sinn für das Surreale demonstriert er schon mal liebevoll an seiner wunderschönen Katze: Wie eine Katzenmutter ihr Junges, so trägt er offenbar gekonnt seinen Stubentiger im »Maul«.

Jean-Claude Carrière (geboren 1931) arbeitete mit vielen großen Filmemachern zusammen, und in der Verfilmung seines Romans *Eine tierische Verbindung* stand er mit Anna Karina vor der Kamera. Mit einigen seiner bis heute rund 70 Drehbücher ging er in die Filmgeschichte ein: *Der Dieb von Paris, Die Milchstraße, Belle de jour, Der Swimmingpool, Borsalino, Taking Off, Die unerträgliche Leichtigkeit des Seins* und *Goyas Geister*.

Jeffrey M. Masson: Katzen lieben anders

Jeffrey Masson hat eine Schwäche für Katzen: Fasziniert von ihrem geheimnisvollen Wesen, hat er ihr Gefühlsleben eingehend erforscht und ist dabei zu sensationellen Erkenntnissen gelangt. Die Tierstudien waren überraschend, denn Jeffrey Masson ist ein bekannter Psychoanalytiker und war Forschungsdirektor der Sigmund-Freud-Archive in London.

Jeffrey Moussaieff Masson schrieb Bücher über *Die Abschaffung der Psychotherapie*, übte radikale Kritik an Theorie und Praxis der Psychotherapie und forderte die Abschaffung des gesamten Berufsstandes, der mehr Schaden anrichte als Nutzen bringe. Aufsehen erregte Masson auch mit seiner Veröffentlichung *Wenn Tiere weinen* – einem bewegenden Plädoyer gegen die verbreitete Einstellung, Tiere hätten keine Gefühle. »Vom physiologischen Standpunkt betrachtet, wäre es ein Wunder, wenn Menschen die einzigen Lebewesen wären, die Gefühle hätten. Können wir ... nicht endlich auch nachweisen, dass Katzen ihre Jungen lieben oder die Katzenkinder ihre Mutter. ... Zwar sind die meisten Augenzeugen überzeugt, dass Katzen ihre Jungen lieben, was sie aus dem Verhalten der Katzenmutter schließen. Doch Naturwissenschaftler ziehen es vor, diese Ansicht abzulehnen.«

Nach vielen Jahren im kalifornischen Berkeley lebt der Autor heute mit seiner Frau, zwei Söhnen und fünf Katzen in Neuseeland.

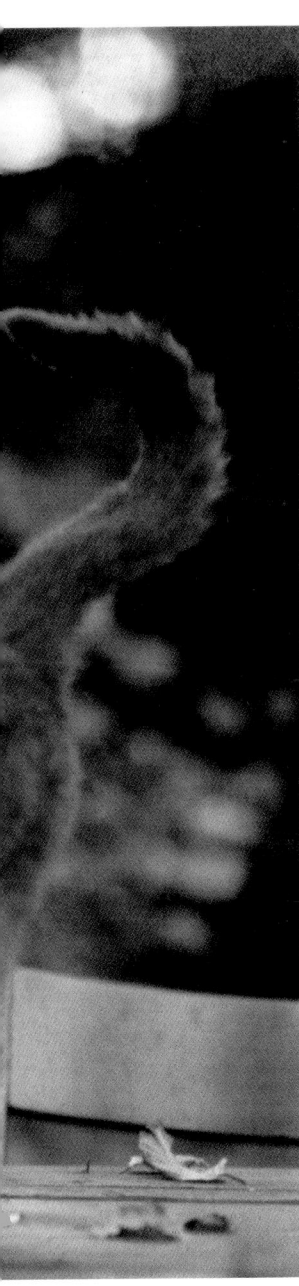

Wolfdietrich Schnurres Katzentraum

Seine Prosa und Lyrik wirken wie Bestandsaufnahmen der westdeutschen Nachkriegszeit und der folgenden wirtschaftswunderlichen Zeiten. Er gilt als einer der besten deutschen Kurzgeschichtenschreiber, vergleichbar den amerikanischen Meistern der Shortstory. Wolfdietrich Schnurre (1920–1989) wurde in Frankfurt am Main geboren und zog 1946 nach West-Berlin. Zusammen mit Hans Werner Richter und Alfred Andersch war er Mitbegründer der Gruppe 47, wo seine im Schützengraben entstandene Geschichte *Das Begräbnis* als erster Beitrag vorgestellt wurde. Zu seinem Werk gehören mehr als 50 Bücher und zahlreiche Fernseh- und Hörspiele und vor allem die 1978 veröffentlichten autobiografischen Aufzeichnungen *Der Schattenfotograf.* Wolfdietrich Schnurre wurde mit dem Georg-Büchner-Preis und mit dem Bundesverdienstkreuz ausgezeichnet.

Sein Werk ist durch die Kriegserlebnisse geprägt. In der während des Krieges geschriebenen Kurzgeschichte »Die Tat« hat er ein Kindheitstrauma verarbeitet: »Zwar war ich nicht der Soldat, der die Katze vom Eis holte, aber sonst hat es sich so zugetragen. Bis 1943 hatte ich dreimal in der Woche den Traum, in dem die Katze auftauchte – so, wie ich es in der Geschichte beschrieben habe. Die Geschichte wurde in einer Frühfassung bei mir gefunden, und ich bin dafür sechs Wochen eingesperrt worden. Im Gefängnis schrieb ich die Geschichte heimlich weiter, und schon während dieser Zeit hörte der Katzen-Traum auf.«

Andrea Schacht und Muse Mira

»Zwei Katzen sind derzeit meine Gefährten, insbesondere Mira hat sich als meine Assistentin etabliert und sorgt gerne für Ordnung auf meinem Schreibtisch – Büroklammern, Stifte, lose Notizzettel räumt sie erbarmungslos auf. Ihr verdanke ich aber auch immer wieder neue Inspiration, und aus diesem Grunde nehmen Katzen in allen meinen Büchern den ihnen zustehenden Platz ein. Oft auch in der Hauptrolle. Mira ist eine vierjährige Katze (edelster Rasse, wie jede Katze) und stammt aus dem Wurf einer unabhängigen Gartenkatze. Böse Zungen würden sagen, einer Streunerin.«

Muse Mira hat die frühere Wirtschaftsingenieurin und Unternehmensberaterin wohl auch inspiriert, als sie ihren Traum, Schriftstellerin zu werden, verwirklichte. Außer den historischen Romanen um die selbstbewusste Begine Almut, schreibt Andrea Schacht auch Bücher aus der Katzenperspektive, wie *Die Lauscherin im Beichtstuhl*, wo eine Kloster-Katze, die in einem Mordfall ermittelt, oder *Mac Tiger*, ein schottischer Geist-Kater, der in einem Hotel sein Unwesen treibt.

»Wahrscheinlich hat ihre Eitelkeit geholfen, dass sie sich so brav fotografieren ließ. India ist die siebte und bisher intelligenteste Katze, die mir die Gnade gewährt, mit ihr zu leben. Sie ist ein Spring- und Klettertalent und wurde im Sommer 2006 in Bozen geboren.« Eigentlich gehört India seiner Tochter, doch Herbert Rosendorfer genießt es, in »ihrer Umgebung sein zu dürfen« und denkt über ihr Seelenleben nach. Über eine auf dem Fensterbrett schlafende Katze schreibt er in seinen *Schönschreibübungen des Gilbert Hasdrubal Koch*:

»Was tut eine Katze? – sie frisst, sie jagt, sie tobt herum, sie lauert. Sie denkt nicht. Natürlich geht in ihrem Gehirn etwas vor, aber wir täuschen uns, wenn wir meinen, sie denke. Sie denkt nicht, denn sie hat keine Begriffe. Denken heißt, Instinkte in Begriffe verwandeln (...) Ein Bein und der Schwanz hängen übers Fensterbrett herunter. Über die Silhouette erhebt sich nur ein Ohr. Wenn sie weder frisst, jagt, tobt und so fort, schläft sie. Wecken hieße: sie ein klein wenig töten. Nicht nur die Katze, jedes Lebewesen (...) Was es schläft, lebt es länger. Mozart hat so wenig geschlafen, heißt es. Wenn er mehr geschlafen hätte, hätte er vielleicht länger gelebt (...) Langgestreckt, schwarz, seidig glänzendes Fell, tief atmend, draußen der leichte Nebel auf der herbstlichen Wiese. Nicht wecken: sie verlängert grad ihr Leben.«

Der in Bozen geborene Herbert Rosendorfer studierte Bühnenbildnerei an der Akademie der Künste München und dann Jura an der Universität München. Als Staatsanwalt in Bayreuth und später als Richter in München und Naumburg hat sich Herbert Rosendorfer ein Doppelleben angewöhnt und Romane, Erzählungen, Theaterstücke, Fernsehspiele, historische Werke, Reiseführer, Abhandlungen zur Musik, Libretti und Kompositionen verfasst. Sein jüngstes Werk: *Wagner für Fortgeschrittene.*

Strenger Poet und nachsichtiger Katzenfreund:
Vilhelm Ekelund

An Katzen liebte der schwedische Lyriker und Aphoristiker Otto Vilhelm Ekelund (1880–1949) ihre Fähigkeit, die Menschen sanft und beharrlich so zu täuschen, dass sie ihr »egozentrisches Verhalten als Zahmheit hinnehmen«. Der Dichter selbst war allerdings auch alles andere als angepasst. Als Zwanzigjähriger veröffentlichte er bereits seine ersten, noch impressionistischen Gedichte. Doch schon 1903 wendet sich Ekelund in seinem zweiten Gedichtband *Elegier* der klassischen griechischen Dichtung und der deutschen Romantik zu. Stilistisch lässt er sich von August Graf von Platen inspirieren, mit dem ihn Ästhetizismus und Homosexualität verbinden. In Vilhelm Ekelunds Gedichten wird auch Homosexualität thematisiert, was damals seine Leser verstört. Der Dichter findet keinen Verleger mehr und verstummt. Um einer Haftstrafe zu entgehen, flieht Vilhelm Ekelund zuerst nach Deutschland, dann nach Dänemark, wo er heiratet und Vater einer Tochter wird. Nach der Rückkehr in die schwedische Heimat erscheint 1921 sein letzter Gedichtband, ohne das Thema der gleichgeschlechtlichen Liebe aufzugreifen. Doch in seinen Briefen und Aphorismen verleugnet er seine Neigungen nicht, die er im Leben und in der Kunst unterdrückt, um als Schriftsteller existieren zu können.

In ihren Texten überlagern sich kindliche und erwachsene Erfahrungen, Realität und Phantasie. Wenn zum Beispiel die achtjährige Christine jeden Morgen auf ihrem Schulweg eine alte weiße Katze trifft, die sprechen kann und ihr erklärt, was falsch und richtig ist im Leben. Aber darf man (Katzen) alles glauben? *Die Katze oder Wie ich die Ewigkeit verloren habe* ist nicht nur eine Suche nach der verlorenen (Kinder-)Zeit, sondern auch nach Vertrautheit, denn Christine hat sonst keine Gesprächspartner: »Du bist eine mutwillige Katze (…) und ich bin ein mutwilliges Mädchen und eigentlich sind wir verzaubert und werden siebenundsiebzig Leben haben.« Ein anderes Mal unterhalten sie sich über Lehrer: »Die Katze gähnte. Findest du es nicht langweilig, über Lehrer zu reden? Im Gegenteil, erwiderte ich. Lehrer sind wichtig, Lehrer wissen alles. Das ist ja das Schlimme, sagte die Katze. Ihre Aufgabe ist es, aus unordentlichen Kindern ordentliche Schüler zu machen. Sie glauben immer, sie seien klüger als unsereins. Dabei denken Lehrer nur in Schuljahren und haben keine Ahnung von der Ewigkeit. Aber man muss doch was lernen, entgegnete ich. In unserem Leben lernt man was, sagte die Katze. In unserem Leben zählen die Mäuse, die man wirklich frisst.« Im Laufe der Geschichte erkennt das Mädchen das wahre Gesicht der Katze: »Die Katze war böse. Sie kannte kein Mitleid, sie kannte nur sich und die Mäuse.« Das Mädchen löst sich von der Katze und findet seine eigenen Einstellungen zur Welt und zum Leben.

Die mehrfach preisgekrönte Kinder- und Jugendbuchautorin Jutta Richter lebt mit Kater Anton abwechselnd in Lucca in der Toskana und auf Schloss Westerwinkel in Westfalen. Dort ist ihr Kater Anton eines Tages zugelaufen und verstand sich mit Terrier-Hündin Nicky gleich bestens. Zu den Schlossbewohnern gehörte vorübergehend auch eine achtköpfige Katzenkinderschar.

Lilian Jackson Braun mit **Koko** und **YumYum**

Der silbergraue Bart von Zeitungsreporter James Qwilleran sträubt sich genauso wie das samtene Fell seiner beiden Siamkatzen Koko und Yum Yum, wenn sie einen ungewöhnlichen Kriminalfall lösen. Die drei sind die Helden in Lilian Jackson Brauns *Die Katze, die*-Reihe und aufs Katz- und Mausspiel spezialisiert. *Die Katze, die rückwärts lesen konnte* hieß der erste Band, dem weitere folgten wie *Die Katze, die rot sah*, *Die Katze, die Lippenstift liebte*, *Die Katze, die einen Kardinal kannte*, mit denen sich die 1916 geborene US-Autorin in die Herzen krimilesender Katzenfreunde in aller Welt schrieb. Dem folgten Dutzende weiterer Katzenkrimis, und ein Lexikon dazu gibt es auch. Lilian Jackson Braun begann zwar schon als Teenager zu schreiben, aber erst im Alter von 50 Jahren veröffentlichte sie ihren ersten Roman. Vorher war sie Sportjournalistin und Werbetexterin. Ihre Katzen-Thriller haben durchaus autobiografische Bezüge: Koko und Yum Yum lieben Corned beef, vermeiden aber peinlichst jedes noch so kleine Stückchen Karotte. Ganz so wie die beiden Siamesen im wirklichen Leben der Autorin. Und James Qwilleran ist Journalist wie Lilian Jackson Braun. Auch das fiktive Städtchen Pickax ähnelt der Kleinstadt Bad Axe in Michigan, in der die inzwischen 91-jährige Schriftstellerin lange Zeit wohnte.

Yves Navarre mit Supercat

Kater Tiffauges ist der Hausgenosse des Pariser Schriftstellers Abel. Im gleichnamigen Buch von Yves Navarre (1940–1994) erzählt er seine Lebensgeschichte aus Katzensicht. Auch das tödlich an Aids erkrankte Künstlerpaar Roch und David wird in *Meine Freunde, die der Wind davonträgt* von Supercat auf vier Pfoten durch seine Agonie begleitet. Supercat ist immer auf der Lauer: hinter der Glastür des Krankenzimmers, drinnen auf der Sessellehne oder dem Kopfkissen des sterbenden David. Ein Roman über den Tod, der das Leben besingt. Todernst und lebensfroh zugleich sind alle Bücher des 1980 mit dem höchsten französischen Literaturpreis, dem Prix Goncourt, ausgezeichneten Autors.

Terry McMillan und Dilbert

Spätestens mit ihrem dritten Roman *Endlich ausatmen* hat die 55-jährige Englisch-Professorin aus Arizona bewiesen, dass in den USA anspruchsvolle Romane afro-amerikanischer Autoren nicht nur Anerkennung, sondern auch Auflage bringen. Denn ihre spritzige, autobiografisch geprägte Komödie um vier schwarze Freundinnen auf der Suche nach dem Traummann spielt im wohlhabenden Milieu der Buppies, dem schwarzen Gegenstück der Yuppies: Black urban professionals. Terry McMillan wurde bereits mit ihren ersten beiden Romanen *Mama* und *Ab durch die Mitte* zur Kultautorin schwarzer Frauen in den USA. Die Taschenbuchrechte von *Endlich ausatmen* wurden für 2,64 Millionen Dollar verkauft, eine der höchsten Summen, die bisher für einen Nachdruck bezahlt wurden, auch die Kinoverfilmung mit Stars wie Whitney Houston und Angela Bassett war ein Erfolg.

Die Schriftstellerin hat drei Hunde und Dilbert, die Katze, ferner 35 Unzertrennliche, 30 Wellensittiche, vier Nymphensittiche, zwei Papageien und unzählige Fische in einem riesigen Aquarium. »Ich liebe Tiere«, sagte sie einmal, »aber sie gehen mir auf die Nerven. Wenn ich mich an meinen Schreibtisch setze, dann kommen sie herein, als hätten sie nicht einen Freund in der Welt. Und wenn man einen Roman schreiben will, kann es lästig sein, wenn man ständig ein Miauen im Ohr hat. Ich möchte dann am liebsten sagen ›Ich bin gerade dabei ein Kind zu kriegen, Dilbert, kannst du jetzt gefälligst abhauen?!‹«

Helen Gurley Brown: Katze, Frau, Sex

Psychologen und Mythologen gilt die Katze als typisch weibliches Tier. Für die Autorin Helen Gurley Brown repräsentiert sie pure Sexualität ohne moralische Wertung. Neben Alfred Charles Kinsey und Betty Friedan gehört Helen Gurley Brown zu den Ikonen der sexuellen Revolution. Ihr Buch *Sex und ledige Mädchen* rief in Deutschland vor 40 Jahren die Bundesprüfstelle für jugendgefährdende Schriften auf den Plan, weil es geeignet sei, die »sexualethische Urteils- und Willensbildung junger Mädchen erheblich zu verwirren«. Die Sittenwächter verwiesen auf Sätze wie: »Das kommt davon, wenn man mit dem Mann, den man heiraten will, nicht geschlafen hat.« Oder: »Ich muss … nicht unbedingt mit ihm schlafen, ich kann aber.«

Helen Gurley Brown hat natürlich nicht nur über die *Jagd auf den Mann* und *Sex im Büro* nachgedacht, sie ist eine engagierte Journalistin, die drei Jahrzehnte lang als Chefredakteurin zum kometenhaften Erfolg des Magazins »Cosmopolitan« maßgeblich beitrug.

Wenn die Schriftstellerin Juli Zeh auf Reisen geht, sind ihre beiden Hunde und die Katze Tiger oft dabei. Sie sind ein Blickfang in Hotelfoyers, wenn sie als Karawane Einzug halten, ebenso wie an Grenzübergängen, wo Hunde und Katze friedlich auf der Rückbank des Wagens sitzen. In ihrem zusammen mit David Finck veröffentlichten Buch *Kleines Konversationslexikon für Haushunde* beschreibt Juli Zeh den kleinen Diktator: »Das einzig Feenhafte an der Katze-im-Besonderen besteht darin, dass sie Wünsche erfüllen kann – und zwar die eigenen. Sie erhält das Futter, von dem der Haushund seit Jahren träumt. Sie darf auf dem Schoß von Homo sapiens sitzen, wo der Haushund seit seiner zehnten Lebenswoche nichts mehr verloren hat. Sie liegt im Bett, wohin der Haushund nur mit Glück und Osmose gelangt. All das findet die Katze-im-Besonderen völlig normal. Sie ist nicht nur keine verzauberte Prinzessin, sie ist nicht einmal Demokrat. Sondern ein Diktator im Stofftierkostüm.«

Dass es sich bei dem kleinen Diktator um Tiger handelt, bestätigt David Finck: »Er fährt gerne Auto und schläft sofort ein, als ob der brummende Motor für ihn eine Art Über-Schnurren ist. Er liebt Hotelzimmer und liebt es noch mehr, auf den Hotelflur zu flüchten und sich jagen zu lassen. Inzwischen hat Tiger wohl mehr Länder bereist als mancher Mensch: Bosnien, Kroatien, Deutschland, Österreich, Polen, Frankreich, Spanien und Italien, Tschechien und Slowenien. Dieses Jahr wird noch die Schweiz hinzukommen. Und Tiger ist natürlich Chef. Wiegt magere 2,6 Kilo und triezt die Hunde!«

Juli Zehs Debütroman *Adler und Engel* wurde zu einem Welterfolg und ist mittlerweile in 28 Sprachen übersetzt. Die Schriftstellerin wurde für ihr Werk vielfach ausgezeichnet und erhielt unter anderem den Deutschen Bücherpreis.

Erich Kästner und seine vier Katzen

Wer kennt es nicht, *Emil und die Detektive*, das bei Kindern und Erwachsenen bekannteste Buch von Erich Kästner, oder *Das fliegende Klassenzimmer*, die beide sogar mehrfach verfilmt wurden? Erich Kästner (1899 – 1974) war den Nationalsozialisten verhasst, weil er sich in verschiedenen Werken über Militarismus und Faschismus lustig machte. Sie verbrannten seine Bücher und verhängten ein Veröffentlichungsverbot. Die Gestapo verhaftete ihn mehrfach, ließ ihn aber wieder frei.

Erich Kästner lebte mit vier Katzen gleichzeitig zusammen. Wie sie sich gegenüber Schriftstellern verhalten, beschreibt er so: »Sie kommen, wenn wir schreiben, überhaupt gern in unsere Nähe. Das Thema ist ihnen gleichgültig. Dass sie diesmal selber an der Reihe sind, interessiert sie nicht weiter. Es geht ihnen ums Prinzipielle. Es tut ihnen wohl, wenn andere Leute arbeiten. Dann genießen sie ihr eigenes Nichtstun doppelt und dreifach. Vielleicht ist auch Mitleid mit im Spiele. ›Da rackert er sich nun ab, damit er für uns frisches Schabefleisch kaufen kann!‹« Allerdings gab es manchmal Spannungen unter den Katzen, die Erich Kästner mit der ihm eigenen Ironie beschreibt: »Die einzige Katze, die, selten genug auch dann nur für Augenblicke, Tradition und Respekt vergisst, ist unser einziger Kater. Er wiegt fünfzehn Pfund, trägt wie Lollo einen blaugrauen Pelz, heißt Butschi und ist Polas Sohn! (…) Er wuchs und wurde ein Riese. Aber ein Riese mit menschlichen Zügen, mit Anfällen von Zweifel an der ihm verliehenen Kraft und Größe. Nur manchmal besinnt er sich, fast abrupt, auf das Thema ›Geschlecht und Charakter‹, verteilt Ohrfeigen, faucht sogar Pola, seine Mutter, an und rebelliert gegen das Matriarchat. Butschis Putschversuche währen nicht lange. Die verwunderten Blicke, mit denen ihn die drei Katzen betrachten, irritieren und ernüchtern ihn. Manchmal läuft seine Mutter vor ihm davon und verkriecht sich. Ihre Angst ist die pure Ironie. Das spürt er. Und dann fügt er sich wieder in sein Schicksal. Und wird der sanfte Riese, der er ist.«

Action / Sunshine 79
Bilderberg
  Effigie 87
  Stefan Enders 8
corbis
  Sophie Bassouls/Sygma
  13, 117
  Eleanor Bentall 69
  Bettmann 45, 121
  Jonathan Blair 15
  William Campbell/Sygma
  18
  Fabian Cevallos/Sygma 101
  Jürgen Frank 47
  Sergio Gaudenti/Kipa 20
  Lynn Goldsmith 49
  Stephanie Rausser 118
David Finck 123
Eva-Maria Schalk 75
gettyimages
  Jan Delden 63
  Evelyn Floret 57
  Acey Harper 67
  Hulton Archive 36

Kim Komenich 103
  Nancy Pierce 115
  Tore Johnson 60
Helmut Fricke 64
Kazuyuki Kitamura 95
Keystone 125
Magnum /Agentur Focus 41
Isolde Ohlbaum Cover, 42
Olaf Plotz 33, 104
picture alliance
  dpa/dpaweb 35, 90
  akg-images 27, 73, 99
  akg-images/Paul Almasy
  29, 88
  dpa 85, 111
Privat 10, 31, 38, 51, 54, 76,
  92, 107, 109, 112
Rudolf Westenberger 81,83
Schweizerische National-
  bibliothek / F.J.Goodman
  66
Thomas Höpker 24
Julian Vanderbeke 17
ullstein bild 23, 59, 94

Originalausgabe
ISBN 978-3-86671-032-0

Viele Schriftstellerinnen und Schriftsteller haben eine besonders enge Bindung an ihren Hund. Das verraten die ungewöhnlichen Fotografien in diesem Band mit seltenen Momentaufnahmen aus dem Privatleben, die berühren und überraschen und von der wortlosen Übereinstimmung zwischen den Sprachkünstlern und ihren Musen auf vier Pfoten erzählen. Ein authentisches Bilderbuch aus dem Leben der Literaten – für alle Hundeliebhaber mit Geschichten in Wort und Bild.

Schreiben
Associated Press-Handbuch Journalistisches Schreiben
Freedom Writers – Wie eine junge Lehrerin und 150 gefährdete
Jugendliche sich und ihre Umwelt durch Schreiben verändert haben
Den Dämon verführen – Schreiben, um zu leben *Von Erica Jong*
Zen in der Kunst des Schreibens *Von Ray Bradbury*
Schreiben in Cafés *Von Nathalie Goldberg*
Kleiner Autoren-Workshop *Von Ursula LeGuin*
Beim Schreiben allein *Von Joyce Carol Oates*
Der Mord als eine schöne Kunst betrachtet *Von Thomas de Quincey*

Veröffentlichen
Literaturagentur. Autor – Agent – Verlag *Von Joachim Jessen u.a.*
Deutsches Jahrbuch für Autoren, Autorinnen 2007/2008
Mini-Verlag. Selbstverlag, Verlagsgründung *Von Manfred Plinke*
»Ich bin ganz, ganz tot, in vier Wochen« *Von Birgit Vanderbeke*

Theater & Stücke
Die Technik des Dramas *Von Gustav Freytag*
Vorsprechen *Von Paula B. Mader*
Kleines Schauspieler-Handbuch *Von Uta Hagen*
Dramatisches Schreiben *Von Lajos Egri*

Film & Drehbuch
Wie man einen Film macht *Von Claude Chabrol*
Filme machen *Von Sidney Lumet*
Die Technik des Dramas *Von Gustav Freytag*
Dramatisches Schreiben *Von Lajos Egri*
Schule des Erzählens *Von Sibylle Knauss*
Schritt für Schritt zum erfolgreichen Drehbuch *Von Chris. Keane*
Das Drehbuch *Von Syd Field*
Professionelle Drehbücher schreiben *Von Tom Lazarus*

Cartoonbücher
Struwwelhitler. Der Anti-Nazi-Klassiker von 1941
Warum liegt mein Buch nicht neben der Kasse?